KB236740

여성,
정치와
사랑에
빠지다

여성, 정치와 사랑에 빠지다

장성순 지음

도서출판 또 하나의 문화

이 도서의 국립중앙도서관 출판시도서목록(CIP)은 e-CIP 홈페이지(http://www.nl.go.kr/cip.php)
에서 이용하실 수 있습니다.(CIP제어번호: CIP2006000485)

책을 펴내며

●●● 두 여자가 우연히 한 남자를 사랑한다. 혹은 한 남자가 두 여자를 사랑한다. 이 사실을 알게 된 두 여자는 어떻게 할 것인가?

지금 생각으론 다음 세 가지 방법 중 하나를 택한다. 하나, 남자가 얄밉게 사랑의 시기를 치며 양다리를 걸쳤다면, 두 여자가 협력해서 함께 남자를 찬다. 둘, 남자가 양다리를 걸친 사실에 대해 미리 양해를 구했고 진정으로 두 여자를 사랑했다면, 두 여자는 남자를 공유한다. 셋, 남자를 더 많이 사랑한 여자 혹은 남자가 더 많이 필요한 여자에게 남자를 양보한다.

내가 이런 얘기를 하면, 친구들은 으레 "네가 사랑을 몰라서 그런 비현실적인 말을 한다."며 핀잔을 준다. 정말로 사랑하면 소유하고 싶고, 버리거나 공유하거나 양보할 수 없다는 것이다.

돌이켜 보니, 내가 위와 같은 방식으로 사랑에 임하겠다는 마음을 먹은 것이 바로 '여성 정치의 메커니즘'이 아닐까 하는 생각을 했다. 사랑에서 제로섬 게임•이 아니라, 윈윈 전략••을 추구하는 것. 사랑을 소유하려고 권력 투

• zero sum. 승자의 득점은 항상 패자의 실점을 야기하는 게임을 지칭한다. 제로섬 게임에서는 승자와 패자밖에 존재하지 않기 때문에 심한 경쟁을 야기하는 경향이 있다.

쟁을 벌이는 것이 아닌 사랑의 공유나 분배를 고민하는 것.

두 남자가 우연히 한 여자를 사랑한다. 혹은 한 여자가 두 남자를 사랑한다. 이 사실을 알게 된 두 남자는 어떻게 할 것인가? 하나, 두 남자끼리 한 여자를 두고 사랑의 쟁탈전을 벌인다. 둘, 두 남자 중 한 남자, 즉 자기가 그 여자를 소유할 수 없다고 느끼는 남자가 자신이 버림받을 것이 두려워 여자를 살해한다. (두 번째 예는 아주 끔찍하지만, 실제로 뉴스에 많이 등장한다.)

위와 같은 방식으로 사랑에 임하는 남성들의 사랑 해법과 태도는 '남성 정치의 메커니즘'이 아닐까? 사랑이 제로섬 게임이 되는 것이다. 사랑을 소유하고자 권력 투쟁을 벌이는 방식이다.

너무 극단적인 예를 들었는지도 모르겠다.

●●● 2004년 총선 때 기도를 했다. 여성 정치인의 비율이 10%가 넘고, 민주노동당의 지지율이 10%를 넘게 해 달라고. 사실 나는 여성 정치인이나 민주노동당을 위해서 구체적으로 정치적인 일을 한 것은 하나도 없다. 다만 아주 막연하고 거칠게 여성 정치인의 숫자가 확대돼야 하고, 진보 정당인 민주노동당이 잘돼야 한다는 단순한 생각이 있었던 것이다. 소수자와 약자를 위한 정치의 지분이 확대되어야 한다는 아주 작은 양심이랄까 도덕성이랄까 뭐, 그런 종류의 것이 나를 매일 밤 기도하게 만든 것 같다. 특별히 내가 소수

•• win-win 전략. 두 지역에서 일어난 전쟁을 동시에 승리로 이끈다는 미국의 전략. 승자와 패자로 구분되는 것이 아닌, 모두 승자가 될 수 있는 것이다.

자와 약자를 위해서 할 수 있는 일이 적었기 때문에, 소수자를 위한 정치를 하는 사람들이 국회에 많이 진입하게 해 달라고.

정말 두 달 넘게 밤마다 기도를 했다. 총선 결과, 하나님이 내 기도를 들어 주신 것을 알고 기뻐하며 감사했다. 공교롭게도 당선된 여성 정치인 비율(비례대표 포함)도 13%, 민주노동당 득표율도 13%였다.

●●● 만 5년 동안 기자 생활을 하면서 2002년 지방선거와 대선, 2004년 총선을 직·간접으로 경험한 것을 토대로 여성의 정치 참여를 독려하는 글을 써야겠다는 생각으로 이 책을 구상하기 시작했다. 근접한 위치에서 여성 정치인들을 보면서 느꼈던 것들이 내 밑천의 전부다. 일천할 따름이다.

「시민의신문」에서 여성 담당 기자를 하면서 '정치팀'에 합류해 지방선거 후보와 대권 주자 토론회를 기획하면서 내가 신경 쓴 것은 토론자 여성 할당이었다. 그래야 정치인들에게 '여성 정책'에 대한 제대로 된 비전과 정책을 요구할 수 있기 때문이다. 지난해 1년 동안은 「시민의신문」과 지역 언론들의 연대체인 「여의도통신」에 파견 근무를 하면서 국회 출입을 했다. 매일매일 국회에서 만났던 수많은 정치인들은 내게 '여성 정치'란 무엇일까를 더 구체적으로 고민하게 만들어 주었다. 그리고 다행히 이런 내 고민의 일부를 「여성신문」 '국회 로그인'란에 2004년 3월부터 2005년 1월까지 연재할 수 있었다. 덕분에 이 책의 기본 뼈대를 만들 수 있었다.

●●● 내가 책을 내기까지 오늘의 나를 있게 해 준 고마운 분들이 많다. 기독

교 사회 운동을 고민하게 했던 최은석 간사님을 비롯한 '복청' 선후배, 동료들. 구산동 산61번지에서 만났던 가난하고 병든 아저씨, 아줌마들, 그리고 그들과 동거동락을 함께했던 '너랑'의 선후배, 동료들. 가장 순수한 열정이 있던 시절, 내 삶의 지향이 되는 자양분을 듬뿍듬뿍 주었던 고마운 사람들이다.

기자 생활의 모든 애환이 녹아 있는 「시민의신문」(www.ngotimes.net). 기자의 소양을 끊임없이 키워 주려고 애썼던 정지환 선배를 비롯한 동료 선후배들, 맛있는 밥을 사주며 건강을 걱정해 주셨던 김용환 상무님을 비롯한 전 직원들, 마지막 1년 동안 지역 신문들의 연대체인 「여의도통신」(www.ytongsin.com)에 파견 근무를 하면서 만난 많은 분들에게 고마움을 전해야 할 것 같다.

기자 생활을 하면서 만났던 시민 단체 활동가들. 옳은 일을 하면서 빈한한 생활을 감사하는 그들에겐 그때도 그랬지만, 지금도 여전히 마음속 깊이 존경하는 마음이 있다.

가난하지만 행복한 작은 공동체의 모습을 보여 준 신명교회 노창식 목사님과 교우들, 실천적 지식인으로서의 전형을 보여 주셨던 조형, 조희연, 이홍균 교수님께도 존경과 감사의 마음을 표현하지 않을 수 없다.

섬세함으로 내 부족한 면을 지적해 주며, 잔소리를 하는 내 친구들에게도 고마운 마음을 전한다. '국회로그인'을 「여성신문」에 연재할 수 있게 해서 결국 이 책을 쓸 수 있도록 도와준 임현선 선배. 또 여성주의에 물들 수 있도록 여성주의 연대와 자매애를 몸소 보여준 김춘효, 박소연, 신민경, 황훈영 선배들에게 고마움을 찐하게 표현한다. 책에 실린 사진을 찍어준 양계탁 선배와 김진석 기자에게도 고마움을 전한다.

여성주의 출판사의 대명사인 「또하나의문화」와 인연을 맺게 된 것은 내 겐 엄청난 행운이며, 그것이 앞으로 '여성주의'라는 행운의 기운으로 계속될 것 같은 예감이 든다. 유승희 사장님은 그 인연의 중심에 서 계시다. 부족한 원고를 책으로 낼 결정을 해 주셨고, 책 수정과 기획, 편집에 도움도 주셨다.

마지막으로 우리 가족들에게 고마움을 표현해야겠다. 요즘은 밤마다 가 족들을 위해서 기도한다. 마지막으로 자신의 감정을 제대로 표현하는 언어 를 갖지 못한 우리 엄마, 말보다 삶으로 근면함과 성실함, 희생과 헌신, 사랑 을 보여 준 우리 엄마께 이 책을 바친다.

2006년 2월

차례

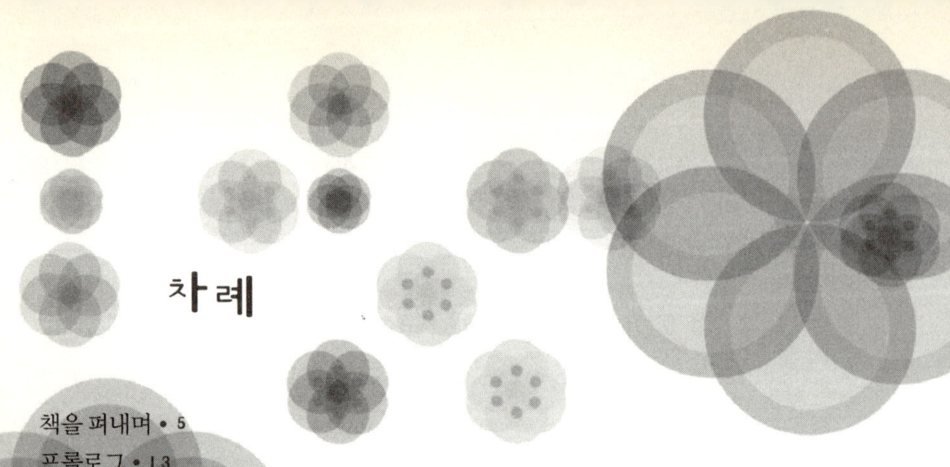

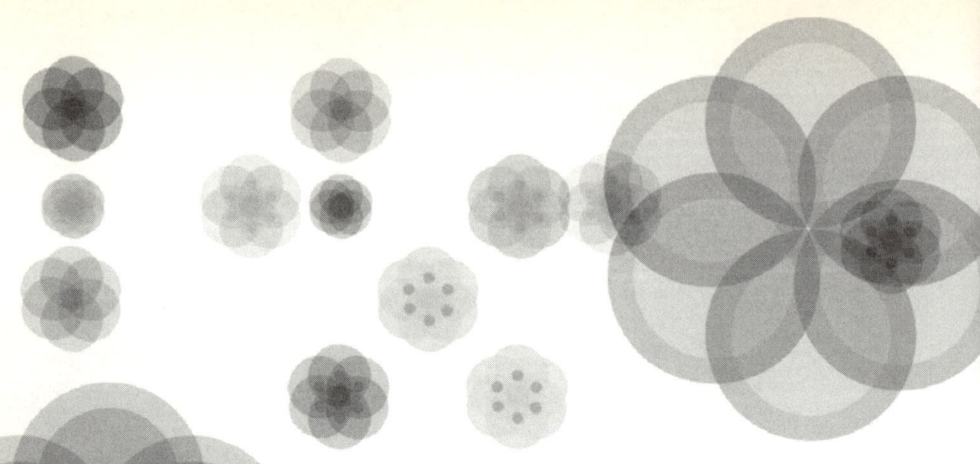

애고애고, 늦었다. 서울 서대문구 연희3동에서 택시를 타고 강남구청 쪽으로 급히 향한다. 느닷없이, 택시 기사가 말하길,

"아가씨, 출세하고 싶어요? 내가 출세하는 방법 알려 줄까요?"

오랜만에 듣는 아가씨 소리가 싫지 않다. 집에서 강남구청까지는 택시로 30분은 족히 걸리는 거리니까, '출세 비법' 좀 들어 볼까? 하고 생각한다.

"아저씨, 출세하는 길이 뭔데요?"

나는 대뜸 되물었다. 택시 기사가 말하는 출세의 비법은 이랬다.

"요즘, 국회 앞에 시위가 많지요? 그 시위하는 현장에서 제일 앞에 서요. 아니면 시위를 주도하면 더 좋아요. 그리고 농민 단체나 여성 단체 대표를 하세요. 요즘은 정치에서 여성을 절반 뽑게 돼 있거든. 그러면, 바로 정치인이 될 수 있어요."

서울 말씨를 쓰면서 차분한 어투로 진지하게 말하는 아저씨의 말이라서 신뢰의 징표라도 보내야 할 것만 같다.

"아하, 그래요."

나는 맞장구를 치며 고개를 끄덕였다. 택시 기사는 그러면서 자신의 과거를 자랑하듯 풀어놓는다.

"내가 말이지, 단병호를 잘 알아요. 택시 운전을 하면서 내가 노조 위원장을 했거든요. 그때 단병호, 그 사람이 강연도 많이 왔었어요. 나는 그때 단병호를 지지했어. 그런데, 그 사람, 시위할 때 만날 앞장서고 데모도 많이 하고 감방에서도 많이 살았는데, 떡하니 국회의원 됐잖아요."

마치 자신의 비법이 실제 현실에서 적용된 예라도 되듯이, 택시 기사는 목소리를 더 높인다.

"요즘은 여성 정치 시대라서, 여자들은 조금만 활동하면 국회의원이 될 수 있어요. 그러면 출세하는 거지 뭐예요."

나는 참 재미있다는 생각을 했다. 택시 기사에게도 이제 '여성이 정치를 하는 것은 일반적이고 보편적인 경향'이며, '여성 비례대표 50% 할당이 너무 자연스러운 현실'로 인식되고 있다는 것이었다. 그러나 시민운동을 하는 사람에 대한 일반인의 관점, 즉 시민운동이 정계로 진출하기 위한 출세 수단이라는 생각을 읽었을 때에는 약간 씁쓸했다.

왜 여성은 여성을 지지하지 않을까? 이런 오래된 물음은 '왜 노동자는 선거에서 노동자를 찍지 않을까' 하는 오래된 질문과 일맥상통한다. 얼마 전 심상정 민주노동당 의원이 "민주노동당이 다른 정당에 비해 가장 여성 친화적인 정당인데, 왜 여성들은 민주노동당을 지지하지 않을까요?"라며 고민했다는 얘기를 임현선 여성신문사 선배에게서 전해 들었다.

여여 갈등의 전형인 고부 갈등은 왜 지속될까? 왜 여성 정치인은 그 수가 적을까? 그리고 왜 여성은 선거에서 여성 정치인을 찍지 않을까?

이런 물음들이 내가 처음 이 책을 써야겠다는 결심을 하도록 만들었다. 그리고 여성과 여성의 화해, 여성과 여성의 정치적 연대, 이런 단어들은 이 책을 쓰는 동안 계속해서 내 머릿속에 떠올랐던 단어들이다.

가족들과 함께 외식할 때를 기억해 보자. 혹은 직장 동료들과 식사할 때를 떠올려 보자. 만약 식탁 위에 수저와 물 컵이 놓여 있지 않을 때, 수저 등을 놓는 사람은 누구인가?

나는 게으른 편이어서 집안일을 거의 하지 않는다. 그런데 이상하게도 가족들과 외식을 하러 갈 때나 직장 동료들과 식사를 하러 갈 때 내가 대부분 수저와 물 컵 등을 놓는다. 이 책을 읽고 있는 독자도 한번 자신의 기억을 떠올려 보길 바란다. 그런 경험이 있는 여성들이 많을 것이다. 주변 사람들을 배려하는 마음에서 '작은 서비스'를 제공하는 것이리라. 이러한 행위를 '사랑의 행위'라고 부른다면, 너무 거창해서 닭살이 돋아날 만한가?

여성 노동은 돌봄, 보호, 친밀성, 감성 등의 특성을 가지고 있다. 철학자 힐러리 로즈[1]에 따르면, 이러한 친밀성이나 감성이 요구되는 노동이 이데올로기적인 용어로 불리는 게 바로 '사랑'이라는 것이다. 나는 그런 의미에서 여성을 '사랑의 천재' 혹은 타고난 '사랑꾼'이라고 본다.

미국의 정치학자 데이빗 이스턴은 '정치란 희소한 자원의 권위적 배분'이라고 말했다. 만약 희소한 자원이 정당성이 보장된 권위적인 절차에 의해 배분되지 않는다면, 사람들은 항상 전쟁과 갈등을 겪어야 할 것이다. '권위적' 배분, 즉 정당성이 보장된 절차에는 반드시 위에서 말한 의미의 '사랑'이 개

입돼야 한다.

정치란 국민을 향한 사랑의 행위, 즉 '돌봄 노동'을 하는 것이 아닐까? 그러나 이상하다. 사랑에 익숙한 여성은 정치에 둔하고, 사랑에 둔한 남성은 정치에 민감하다. 이 얼마나 아이러니한가?

이제는 여성이 정치와 사랑에 한번 빠져 봐야 하는 것 아닌가? 정치와 정치인의 편견이 있는 우리 사회에서 여성이 정치와 눈을 맞추고, 인연을 맺고, 사랑을 시작하는 것은 쉽지 않을 것이다. 특히 여성이 정치와 사랑에 빠지는데 자주 등장하는 방해꾼은 '언론'과 '남성'이다. 언론은 정치 기사를 작성할 때 비판 기능을 과도하게 염두에 둔 나머지, 진흙탕 정치와 그 속에서 생활하는 정치인을 비겁하고 야비하고 부도덕하게 자주 묘사한다. 하지만 나는 다행히 지난 1년 동안 국회에 출입하면서 그런 편견을 깰 수 있었다.

정치인(적어도 내가 경험한 17대 국회의원들)은 부지런하고, 성실하고, 똑똑하며, 치열한 삶을 살고 있었다. 그리고 299명의 국회의원 중에 '나의 인격과 삶의 태도'와 비교해서 평가해 본다면, 대부분이 우위에 있다고 평가할 수 있겠다.

'남성'이 방해꾼인 이유는 이미 남성은 정치와 사랑에 빠졌기 때문에 여성이 정치와 사랑에 빠지려고 할 때 자신의 사랑을 잃을까 봐 두려워하는 데 있다. 따라서 남성들은 여성에게 정치는 매력이 없다고 과장하거나, 매력적이지만 여성에게 절대로 양보할 수 없다는 듯한 태도를 보인다.

만약, 자신이 아닌 타인을 위해 숟가락과 젓가락을 식탁 위에 놓아본 경험이 있다면, 이는 친밀성의 노동, 즉 사랑에 익숙한 것으로 해석할 수 있다. 그러면 이제는 한두 명에게만 '친밀성의 노동'(사랑)을 제공하지 말고, 더 많은 사람과 사랑에 빠져 보는 것은 어떨지?

사랑은 타이밍이다. 2006년 지방선거, 2007년 대통령 선거, 2008년 총선거가 있다. 여성들이여, 이제 정치와 사랑에 한번 빠져 보자. 여성 후보자로 나서거나, 여성 후보자의 당선을 돕는 방식으로.

일단 가장 가까이 있는 사랑의 타이밍은 '2006년 5월 31일 지방선거'다. 사랑에 빠지려면, 사랑하는 대상의 기본 정보를 파악하는 것은 필수다.

첫 번째 장은 여성 정치와 지방선거의 개요 부분이다. 여성이 왜 정치와 사랑에 잘 빠지는지에 대해서(여성이 정치를 잘하는 이유 몇 가지), 그동안 여성 정치를 둘러싼 논란들, 역대 지방선거에서 정치와 사랑에 성공한 여성들의 통계(역대 지방선거의 여성 진출 현황) 등을 썼다.

두 번째 장은 정치와 사랑에 빠진 여성들이 겪는 사랑의 고통과 좌절 등을 설명하려고 한다. 강금실 전 법무부 장관이 정치와 사랑에 빠져야 하는 이유를 썼다. 이는 가깝게는 이번 서울시장 후보에 나서야 하는 이유이고, 이번이 아니더라도 다른 계기에 정치에 나서야 하는 이유다. 그리고 환경 운동을 하던 추경숙 아줌마가 도봉구의원이 된 이야기도 소개한다.

중앙 정치(국회)와 사랑에 빠진 여성 네 명을 소개한다. 먼저 이경숙 열린우리당 의원. 여성 운동을 오랫동안 해 온 페미니스트였던 그녀는 여성계 추천으로 국회의원이 되어 본격적인 정치를 시작했다. 그녀는 'NGO DNA'를 가지고 국회에 들어왔다고 자신을 소개하기도 했다. 다음은 최순영 민주노동당 의원. 소녀 노동자였던 그녀는 노동조합 활동을 통해서 사회를 보고 듣고 느끼게 되며 사회운동가로 나서게 된다. 이후 부천시의원을 거쳐, 국회의원으로 활동 중이다.

최연소 법학 박사였던 이은영 의원은 모교인 서울대에서 여성 교수 임용 사례가 없다는 이유로 좌절했지만, 다행히 한국외국어대학 법대 교수로 임용이 된다. 법학 교수였던 그녀는 「참여연대」와 「여성단체연합」 등 시민 단체 전문가 그룹에 합류해, 전문가로서의 입법 지원 활동을 하다, 여성성과 전문성을 인정받아 「맑은정치여성네트워크」의 추천을 통해 비례대표로 의원이 된다.

이 책에서 소개한 여성 의원 중 최고령인 손봉숙 민주당 의원은 63세지만, 젊은 세대의 정치 커뮤니케이션 방식인 '누리꾼과의 소통'에 가장 적극적이다. 그녀는 '봉숙이 나빠요'라고 쓴 누리꾼의 글에 자신이 직접 댓글을 달며 쌍방향 정치 소통을 한다.

세 번째 장은 전 세계적으로 주목받고 있는 여성 정치인인 미국의 힐러리 상원의원과 라이스 국무장관, 독일의 메르켈 총리와 세계 최연소 여성 의원 뤼어만, 그리고 한국의 여성 대통령감 1순위로 거론되는 박근혜 한나라당 대표와 한명숙 열린우리당 의원에 대해서도 얘기를 해 본다.

네 번째 장은 지난 1년 동안 국회 출입을 하면서 「여성신문」에 연재했던 글들을 모았다. 국회의원들의 사랑 행위, 즉 의정 활동을 여성의 눈으로 평가한 것들이다. 이 장을 읽을 때는 상상력을 발휘해야 한다. 그리고 읽으면서 여성의 눈에 의한 가치 평가를 해 보길 바란다. 그 가치 평가의 기준은 오로지 자신이다. 물론 ‘여성’이라는 정체성은 처음부터 끝까지 놓지 않고 의정 활동을 평가하는 기준으로 삼아야 한다.

마지막 장은 실제로 정치와 사랑에 빠지는 연습을 하는 장이다. 그 이전까지는 정치와 사랑에 빠지기 위해 ‘머리’와 ‘이성’으로 읽었다면, 이번 장은 정치와 사랑에 빠지는 ‘추상’이 아닌 ‘실천’을 위한 ‘실제’ 상황을 염두에 두고 그대로 따라해 보는 것이다. 원래 사랑은 ‘추상’이 아닌 ‘실천’이 더 중요하다. 사랑은 원래 내 이성의 통제보다 감성이 앞서는 것이며, 바로 행동에 돌입하는 것으로 다소 무모할 수도 있다.

혹자는 사랑의 유통 기한이 있다고 한다. 정치와 사랑에 빠지더라도 그 유통 기한은 있을 것이다. 유통 기한이 두려워서 사랑을 시작하지 않는다면, 그것은 바보 같은 짓이다. 자, 이제, 유통 기한이 언제일지 모르는 정치와 사랑을 한번 시작해 보자.

'하늘을 봐야 별을 딴다.' 만약 땅을 보면서 별을 따려고 한다면, 아무리 노력해도 이뤄지지 않을 것이다.

살면서 정말 노력을 많이 했는데, 안 되는 일에 부딪혔을 때, 우리는 자주 다음과 같은 결론을 내리면서 그 실패에 대한 해명과 납득을 하려고 노력한다. 첫 번째는 노력이 부족하니까 몇 배의 노력이 필요하다. 두 번째는 노력은 많이 했는데, 방법이 틀렸거나 목표 설정을 잘못했다. 이 경우가 땅을 보면서 별을 따려고 노력한 경우다. 세 번째는 인간이 어쩔 수 없는 부분, 운이 안 닿았거나 하늘의 뜻이 아니라는 것.

대부분 우리는 첫 번째나 두 번째 경우에서 실패의 해답을 많이 찾을 것이다. 세 번째 경우, 나는 인간 안팎에 존재하는 '구조의 힘'이라고 생각하기도 한다. 이는 절대자인 신과 행운의 존재를 부정하는 것은 아니다. 나야말로 절대자에게 매일 밤 기도를 하면서 잠이 드는 '절대자 의존적'인 사람이다. 하지만 '하늘의 기운'을 조금 더 사회 과학적으로 설명하자면, 눈에 보이지 않는 '구조'의 힘이 아닐까 생각한다.

여성을 둘러싼 정치 경제 사회 문화 등 제반 상황은 계속 나아지고 있다. 즉 여성에 대한 하늘의 도우심과 운은 점점 좋아지고 있다는 것이다. 바꿔 말하면, 여성을 둘러싼 정치 경제 사회 문화적 구조의 힘은 친여성적으로 바뀌고 있다는 것이다.

사랑을 할 때도 마찬가지다. 어떤 여성과 남성이 부족함이나 결핍을 느낄수

사랑에 빠지다

록, 즉 외로운 때일수록 사랑에 성공할 확률은 커진다. 부족함, 결핍, 외로움을 느끼지 못하는 사람일수록 사랑에 빠질 확률은 줄어든다. 이같이 어떤 개인에게 부족함, 결핍, 외로움 등이 증가하는 경우, 사랑을 할 수 있는 '구조'가 바뀌는 것이라고 설명할 수 있다.

여성이 정치와 사랑에 빠질 구조적 조건은 계속 좋아지고 있다. 정치에서 '여성 할당'은 도덕이 아닌 거역할 수 없는 현실로 자리 잡아 가고 있기 때문이다. 이와 함께 여성들의 사회 참여도 높아가고, 정치에 대한 관심도 높아지고 있다.

앞으로 여성이 정치와 사랑에 빠질 수 있는 첫 타이밍은 2005년 5월 31일 지방선거다. 5월 31일 공천을 신청한 예비 후보로서 지방선거에 도전할 여성이라면, 여성인 자신이 왜 정치를 잘하는지, 그리고 여성 정치를 둘러싼 논쟁은 무엇인지, 여성주의적 의정 활동이 무엇인지, 마지막으로 과거 지방선거에서 여성 의원 숫자가 얼마나 되었는지 등을 기본적으로 알아 둬야 할 것이다.

5월 31일 지방선거와 직접 연관이 없는 여성이라면, 책을 읽으면서 여성 후보를 지지하고 싶은 마음이 생겼으면 한다. 그렇다면 여성 후보를 위해서 자원 봉사를 시작해 보자. 남성이라면, 이 책을 통해 먼저 여성 정치에 대한 개론을 이해하고, 이 책을 아내나 여자 친구에게 선물로 줘서 '여성 정치'에 대해 같이 이야기를 나눠 보길 권한다. 만약 사랑하는 상대가 없는 분이라면, 책 선물을 통해 사랑에 빠지시길……

여성이 정치를 잘하는 이유

친구들과 식사를 하러 가서, 메뉴를 정하는 데 의견 차이가 있으면 대부분은 다수가 원하는 쪽으로 메뉴를 정하게 된다.

대의 민주주의의 원리인 다수결의 원리는 이같이 사람이 셋 이상 모여서 공동 행동을 하게 될 때 적용된다. 그러면, 소수는 항상 '차이'를 무시당해야 하는가? 다수결의 원리가 적용될 때 다수는 선택을 할 수 있는 권한(=지배 권력)을 갖게 되고, 나는 이러한 '다수' 역시 '지배 집단'이라는 거창한 용어를 적용하고자 한다.

대통령 선거, 국회의원 선거 등에서 선출된 정치인이나 자본을 많이 가진 자본가만이 지배 집단이라는 편견을 버리자. 나는 다수 집단으로서 '차이'를 무시하고 어떠한 결정을 내릴 수 있는 집단, 더 심하게는 '차이'에 아예 무관심한 집단을 지배 집단이라고 본다.

'차이'에 민감한 여성

페미니스트 정치학자인 아이리스 영은 차이를 무시한 현대 정치는 지배 집단과 차이를 무시당한 소수 집단 간에 다음 세 가지 결과를 가져온다고 지적한다. 첫째, 지배 집단은 자신의 경험, 문화, 사회적 능력이 상이한 차이 집단에게 끊임없이 불이익을 가한다. 둘째, 지배 집단은 사회적인 집단의 차이를 고려하지 않는 보편적 인간성을 가정함으로써, 지배 집단이 지니는 자체의 집단 특수성을 알지 못한다. 셋째, 이미 단정된 중립적인 표준에서 일탈한 집단이 그들 스스로 자신을 가치 폄하하게 한다.[2]

다시 메뉴를 정하는 상황으로 돌아가 보자. 여러 사람들이 식사 메뉴를 정하는데 다수가 스파게티를 좋아할 경우, 된장찌개를 좋아하는 소수는 자신이 좋아하는 된장찌개가 아닌 스파게티를 먹으러 가야 한다는 것이다. 즉 된장찌개를 먹고 싶은 욕구는 다수의 결정 때문에 실현되지 못한다. 이때 메뉴를 결정하는 다수는 지배 집단이 되는 것이다 스파게티를 좋아하는 다수의 사람들은 스파게티를 먹으면서 자신이 과거에 먹어 봤던 스파게티의 맛을 얘기함으로써 그런 경험이 없는 사람에게 위축감을 줄 수 있다. 예를 들어, 메뉴의 일부인 된장찌개와 스파게티는 '전통'과 '현대'라는 문화적 상징까지 내포하고 있다. 또한 대개 스파게티가 된장찌개보다 값이 더 비싸기 때문에 메뉴를 결정하는 '다수'와 '소수'(다른 말로 '지배 집단'과 '차이를 인정받지 못한 집단')는 선택의 상황에서 은연중에 '경제적 능력'에 따른 문화 취향의 차이를 드러내기도 한다.

그런데, 나는 여성은 '차이'에 민감하지만 남성은 '차이'에 둔감하다고 생각한다. 즉 여성은 소수에 민감하고, 남성은 다수에 민감하다는 말이다. 이를 거꾸로 말하면 여성은 다수에 둔하고, 남성은 소수에 둔하다는 것이다.

가장 작은 사회인 '가족' 안에서 일어나는 일들도 넓은 의미의 정치라고 볼 수 있다. 가족은 살아가면서 무엇인가를 선택하고 결정해야 하는 수많은 상황에 처하게 되고, 따라서 구성원 중에 누군가는 결정을 하는 데 더 많은 영향력을 행사하는 위치에 있게 된다. 이렇듯 정치란 '결정에 영향력을 발휘하는 것'이다.

한편 과거보다 여성의 가사 노동의 양이 많이 줄었지만, 아직도 여성의 가사 노동의 양이 남성에 비해서 절대적으로 많은 게 현실이다. 가사 노동을 주업으로 하든, 부업으로 하든 간에 주부는 다양한 문제들에 봉착한다. 주부들이 가정에서 첫 번째로 노출되는 '결정 상황'은 바로 제한된 수입으로 가족의 지출을 어떻게 할 것인가 하는 문제다. 그러기 위해서 우선 지출의 우선순위를 매기는 일이 필수다. 남편과 딸, 아들, 맏이, 막내 등의 다양한 기준이 고려 대상이 된다. 하지만 이처럼 가족에게 적용되는 '정치'란 '차이'는 있지만 '차별'은 없다. 물론 주부들이 구체적인 현실에서 가족 구성원에 대해 차별을 하지 않는다는 뜻은 아니다. (물론 때에 따라서 엄마는 딸보다 아들에게, 또 막내보다 장남에게 우선권과 혜택을 더 주기도 한다. 나는 딸이면서 막내라서 귀여움도 많이 받고 자랐지만, 엄마는 구체적인 상황에서 장남인 아들에게 우선권과 혜택을 더 주려고 애썼다. 나는 엄마의 그런 행동 방식에 불만을 얘기한 적이 꽤 많았다.) 하지만 차별 아닌 차이로 행사되는 주부의 권력은 가족 내 지배 집단(즉 다수)을 위해서만 행사되지 않는다. 말하자면 가족에서 자녀의 수와 성에 따라 남성과 여성 중 소수와 다수(지배 집단)가 구별된다는 것이다. 그러나 소수를 무시할 수 없음은 물론이고, 소수를 신경 써야 하는 것이 바로 주부들의 몫이다. 따라서 남성인 아버지보다 여성인 어머니가 '차이'에 더욱 민감할 수밖에 없다.

사정이 이러하다 보니, 여성이 '차이'를 인정하고 배려하는 정치를 잘할 수밖에 없다. 데이빗 이스턴이 '정치란 희소한 자원의 권위적 배분'이라고 정의한 것을 굳이 언급하지 않더라도, 가족이 사용할 수 있는 제한된 재화나 서비스, 시간을 지출할 수 있는 결정을 하는 것이 바로 확장된 정치의 영역[3]이다. 따라서 정치란 다양한 '차이'를 조정하고 협의하는 과정이며, 이에 적합한 사람은 바로 여성이라는 것이다.

여성의 권력은 남성과 다르다

연말연시 인터넷으로 운세를 많이 본다. 인터넷 운세 상담에 남녀 차이가 있다[4]고 한다. 여자는 '애정/결혼', 남자는 '취업/직장'과 관련해 운세 상담을 많이 한다는 것. 2005년 12월 7일부터 26일까지 약 20일간 인터넷 포털 사이트인 네이버 운세 일대일 무료 상담 신청과 답변 사례 200건(여성 120명, 남성 80명)을 분석한 결과, 여자는, 궁합·애정·결혼 31.66%(38명)로 가장 많이 운세를 상담했고, 이어 총운 22.5%(27명), 재물·사업 19.16%(23명), 진학·직장 15.83%(19명), 출산·자식 4.16%(5명) 순으로 나타났다. 남자는, 진학·취업·직장 31.25%(25명)로 운세 상담이 가장 많았고, 그 다음으로 재물·사업 26.25%(21명), 총운 22.5%(18명), 결혼 11.25%(9명) 순이었다.

여성과 남성의 관심과 걱정의 차이를 반영하는 것이다. 여성은 사랑, 결혼 등 사람 간 '관계'에 비교적 관심이 많은 반면, 남성은 '직장' 같은 '목적 지향적’인 것에 관심이 많다는 것이다. 따라서 권력이나 정치에서도 여성은 사람이 중요하기 때문에 사람 간의 관계의 회복을 위해 ‘권력이나 정치’는 수단으로 생각하며, 권력이나 정치 자체가 목적이 아니다. 하지만 남성의 경우는 권력이나 정치 자체를 획득하는 게 자신의 목적인 수가 많다. 여성과 남성은 권력이나 정치를 보는 관점이나 접근 태도가 다른 것이다.

내가 겪은 경험을 하나 소개하겠다. 조직에서 ‘팀장’ 자리를 내가 남자 선배한테 양보한 적 있었다. (물론 그 남자 선배는 내가 팀장을 양보했다는 그 사실조차 인지하지 못할지도 모른다. 아니면 자신이 팀장이 돼야 할 능력과 위치에 있다고 당연하게 여겼을지도 모른다.) 이후 두 번째로 내가 ‘팀장’을 양보해야 하는 상황이 또 오자, 나는 도저히 수긍할 수 없어서 조직에서 문제를 제기했다. 그러나 그 선배는 내게 “팀장은 사람들이 돌아가면서 하는 역할 분담이지, 지위체계가 아니다.”며 또다시 팀장을 양보할 것을 권했다.

1년이 지났다. 조직에서 나는 팀장 여성할당제를 도입하려고 노력했다. 회사 내에서 여직원협의회를 구성해서, 이 같은 주장이 담긴 대자보를 만들어 회사 내에 붙이기도 했다. 물론 팀장 여성할당제를 도입한다고 해도, 나는 다른 부서에 배치됐기 때문에 팀장 여성할당제의 수혜자는 될 수 없는 상황이었다. 다만 여성 팀장이 한 명도 없어서 조직에서 팀장 여성할당제 도입이 필요하다 싶어서 ‘팀장은 역할 분담’이라고 말했던 그 선배에게 다시 도움을 구했다. 팀장 여성할당제를 도입하려고 하는데, 도와달라고 말했더니, 이번엔 “나는 페미니즘을 모른다.”고 무책임하게 답하는 것이었다. 평소 그 선배는 여성은 물론 장애인 채용 할당까지 얘기하는 사람이었다.

뒤통수를 맞는 기분이었다. 사실 기가 찼다. 남성인 자신들이 권력을 가질 때는 '그 권력은 권력이 아니라 역할 분담'이라며 여성들에게 양보할 것을 얘기했다. 하지만 정작 그것을 순진하게 믿고 양보했던 여성이 이제는 그 역할 분담을 하자며 여성에게 권력을 되돌려 달라니까, 그것은 권력이기 때문에 여성에게 줄 수 없다는 태도를 보인 것이다.

아뿔싸! 조직 내에서 권력은 순환될 수 있으며, 그 권력이 역할 분담이라고 생각했던 내가 바보였다는 생각을 했다. 그 경험 이후로는 나의 역할이나 권력을 남성에게 내어 주어야 하는 상황이 또다시 오면, 신중해야겠다는 다짐을 했다. 그리고 양보도 그것을 할 줄 아는 사람에게 해야 그 양보가 친절이고 선이리라. 자신이 받은 것이 '양보'라는 사실조차 인지하지 못하는 사람들이 세상엔 많기 때문이다.

다시 원래 주제로 돌아와서, 사실 여성이 정치에 적합한 이유는 다양하다.[5] 앞에서 말한 사례와 통하기도 하는데, 여성의 정치권력 개념과 남성의 정치권력 개념은 다르다. 남성들은 상대방의 의사와 관계없이(혹은 의사에 반하여) 어떤 일을 하게 하는 것을 정치권력이라고 생각한다. 또한 남성들은 권력 그 자체를 유지하는 것에 더욱 관심을 가진다.[6]

즉 남성들의 권력 개념은 '(누구누구를) 제압하는 권력'이다. 그래서 남성들에 의한 정치는 '권력 투쟁'이 된다. 하지만 여성들의 권력 개념은 '(누구누구에) 대한 권력'이라고 할 수 있다.

남녀 간 정치권력 개념이 다르다 보니까, 남녀의 정치 스타일도 차이가 난다. 즉 남성들은 전투적이며 저돌적인 정치 스타일을 보이는 반면 여성들은 평화 지향적이며 대화와 타협적인 정치 스타일을 보여 준다.

그렇기 때문에 여성의 정치 참여가 늘어날수록 정치는 더 많이 바뀔 것이다. 바버라 에렌라이히[7]는 "여성이 정치에 일단 들어가게 되면 변화의 상징이 될 것이며, 역할 모델을 바꾸고, 분위기를 쇄신할 것이다. 요람을 흔든 손이 배를 흔드는 것은 확실할 것이다." 하고 말한 것처럼 말이다.

여성은 환경, 교육, 건강 등 실생활 전문가

정치는 실생활과 연관돼 있다. 앞에서도 정의한 대로 정치란 '영향력의 행사'이기 때문이다. 특히 지방 정치는 중앙 정치와 달리 생활 정치와 연관된 부분이 많다.[8] 지역 사회에서 풀어 가야 할 환경, 교육, 건강, 육아 문제 등은 여성의 관심사와 많이 일치한다. 곧 지방 정치는 여성이 주부로서 가족을 책임지며 관심을 가졌던 부분이 지역 사회 주민들의 삶으로 확대되는 것이다. 따라서 여성들이 지방선거에 도전한다면 남성들보다 훨씬 주민의 필요에 부응한 정책을 마련하기 쉽다.

이금라 서울 시의원은 실제로 지방 의회 의정 활동을 경험하면서 여성 정치인이 뛰어난 점을 다음 네 가지로 꼽고 있다.[9]

첫째, 여성은 남성에 비해 개발보다 환경을, 갈등보다 평화를 더 선호한다. 이는 여성들이 출산과 살림을 하면서 모성애 등 여성 특유의 기질을 갖게 된 것에서 비롯됐다. 둘째, 남성 정치인들은 사업을 벌이는 것을 좋아하지만, 여성 정치인들은 운영의 내실화를 더 중시 여긴다. 셋째, 여성 정치인의 가장 큰 장점은 부패와 관련성이 거의 없다는 것이다. 특히 인·허가권과 공사 발주권을 갖고 있는 단체장직에 여성들의 진출이 취약한 상태인데, 건설 위주로 돼 있는 우리 행정 체계에서 많은 남성 정치인들이 리베이트 문제에 연루된다. 넷째, 만약 지방선거에 낙선하면 남성들은 새로 취직을 하거나 사업을 시작해야 하지만, 여성은 기본적으로 가정에 복무할 수 있기 때문에 여성이 정치 진출과 퇴출이 남성보다 훨씬 자유롭다.

이금라 의원이 지적한 네 번째 부분은 수정이 필요하다. 여성의 진출과 퇴출이 남성보다 자유롭다는 부분은 동의하는데, 그 원인에는 다른 요인이 있다고 본다. 여성이 남성에 비해 정치권력에 집착이 덜하기 때문이 아닐까? 그래서 여성은 남성보다 정치권력과 멀어지거나 정치의 장을 떠나는 것에서 자유로운 게 아닐까?

여성 정치의 쟁점

여성은 소수로서 자신의 목소리를 제대로 못 내고 있다.[10] 따라서 소수인 여성들은 정책 결정 과정에서 계속 배제되기 때문에 여성을 위한 법·제도적 장치를 만드는 것은 더욱 어렵다.

'여성 정치의 쟁점'이라고 했을 때 등장하는 '여성 정치'라는 개념은 '여성이 여성을 위한 정치'를 한다는 뜻이다. 따라서 제아무리 여성이 주체가 되어 정치를 하더라도 여성을 위한 정치가 아니라면 이는 여성 정치라고 칭할 수 없다. 또한 그 반대로 남성이 여성을 위한 정치를 한다고 하더라도 이를 여성 정치라고 칭할 수 없기는 마찬가지다. 만약 남성이 여성을 위한 정치를 하는 경우엔 '여성적 정치'라는 다른 표현을 쓰겠다.

최근 4~5년간 일어났던 여성 정치의 쟁점은 대선과 총선 시기에 '여성의 정치 참여와 지지'를 두고 벌어졌다.

끼어들기 대 새판 짜기

첫 번째 여성 정치의 쟁점은 '여성의 정치 세력화 방식'을 둘러싸고 형성됐다. 그 방식은 '참여 전략'(끼어들기 전략)과 '배제 전략'(새판 짜기 전략)으로 구분된다. 여성 운동을 했던 주요한 그룹들은 여성의 '정계 진출'이 여성의 정치 세력화를 위한 지름길이라고 여겼다. 그러나 젊은 층을 중심으로 한 일부 여성 그룹은 '배제 전략'(새판 짜기 전략)이 여성의 정치 세력화를 위해 여전히 유효한 전략이라고 주장했다. 즉 진흙탕 같은 남성 중심의 정치판에 여성이 들어가면 오히려 진흙탕에 오염돼 반여성적 정치를 펼칠 수밖에 없기 때문에 차라리 여성주의자들끼리 새판을 짜자는 것이다. 그러나 젊은 여성주의자 그룹들의 '새판 짜기 전략'은 구체적인 방법론을 제시하지 못하는 한계를 보인다.

참여 전략을 구사했던 여성 운동 진영은 2003년 「맑은정치여성네트워크」를 구성, 여성 국회의원 후보 추천 운동을 적극적으로 벌였다. 그 결과 17대 국회 여성 진출이 39명(당시 기준), 여성 의원 비율 13%라는 쾌거를 거두었다.

배제 전략을 구사했던 여성 운동 진영은 기존 여성 운동의 제도화·관료화를 비판하며, 여성 국회의원 후보 추천 운동에서 한나라당 여성 의원처럼 '여성성과 개혁성'이 담보되지 않은 후보를 추천한 점을 주로 비판했다.

생물학적 여성 대 사회적 여성

두 번째 여성 정치의 쟁점은 여성 유권자가 여성을 지지하는 데 '어떤 여성'을 지지할 것인가, 즉 생물학적 성(섹스)으로서의 여성인가, 사회적 성(젠더)으로서의 여성인가다. 이런 사회적 논쟁은 2002년 월간 『말』에 여성주의 저널리스트인 최보은 씨가 '박근혜가 대통령으로 출마하면 그를 찍겠다'는 선언과 함께 촉발됐다. 일단 현 단계에서는 여성계가 여성 정치인의 수를 늘리는 것이 더 중요하다는 입장으로서, 생물학적 성으로서의 '여성'을 지지하는 것이 우리 사회에서 여전히 의미가 있다는 입장이다. 그러나 이 같은 입장에 대해 다른 여성계 진영은 과거 독재 정권의 유산으로 남아 있는 박정희 대통령의 후광(혹자는 망령)으로 활동하는 박근혜는 그의 분신에 불과하기 때문에 여성 정치인이 될 수 없다는 반론을 제기했다.

향후 2007년 대선에서 만약 박근혜 현 한나라당 대표가 한나라당 대선 후보로 나온다면, 여성계는 또 한번 '여성 후보 지지' 논란에 휩싸일 것으로 예상된다. 그리고 여성이 국회의원, 장관, 총리, 대통령 후보 등 정치인으로 등장하는 경우 이 같은 논란은 항상 논쟁거리로 등장할 것이다.

여성 정치의 쟁점은 '여성의 정치 세력화 방식'을 둘러싸고 형성됐다. 그 방식은 '참여 전략'(끼어들기 전략)과 '배제 전략'(새판 짜기 전략)으로 구분된다. 여성 운동을 했던 주요한 그룹들은 여성의 '정계 진출'이 여성의 정치 세력화를 위한 지름길이라고 여겼다. 그러나 젊은 층을 중심으로 한 일부 여성 그룹은 '배제 전략'(새판 짜기 전략)이 여성의 정치 세력화를 위해 아직도 유효한 전략이라고 주장했다. 사진은 왼쪽부터 이미경, 이경숙, 강혜숙 의원.

지방선거와 여성

여성이 지방선거에 진출해 당선된 비율은 높지 않지만, 과거에 비하면 조금 증가 추세에 있다. 이는 지방선거에서 여성 단체가 적극적인 활동을 계속 펼쳐야 하는 이유이기도 하다.

다음은 역대 지방선거에서 여성 의원 수와 당선율[11]이다.

1991

1991년 30년 만에 지방 자치가 부활됐다. 그렇다면, 여성들이 도전한 지방선거의 성과는 어떨까? 전체 당선자 5,161명 중 여성 의원은 48명(기초의회 40명, 광역의회 8명)으로 그 비율은 0.9%밖에 안 됐다.

1991년 3월 36일 먼저 실시한 기초의회 선거에서는 총 입후보자 10,159명 중 여성 후보자는 123명으로 1.2%에 불과했으며, 총 당선자 4,303명 중 여성은 0.92%인 40명이 당선되어 저조한 수준이었다.

같은 해 6월 20일 실시한 광역의회 선거에서 여성은 총 출마자 2,885명 중 2.2%인 63명이었으며, 이중 12.6%인 8명이 당선되었다. 여성 의원은 전체 당선자 858명 중 고작 8명인 0.9%를 차지했다.

종합하면, 1991년 실시된 선거 결과에서 여성 의원은 그 비율이 1%도 안 되는 아주 저조한 수준이었다.

1995

1995년 6·27선거에 출마한 여성 후보는 325명이었다. 1991년 여성 186명이 도전한 것에 비하면, 139명이 도전장을 더 낸 셈이다. 더 구체적으로 살펴보면 광역의회 여성 후보는 119명으로 전체 출마자 2,644명 중 4.51%를 차지했고, 기초의회는 11,970명 중 206명으로 1.72%에 불과했다.

선거 결과, 여성 당선자는 전체 당선사 5,513명(비례대표 포함) 중 126명(비례대표 포함)으로 2.28%를 차지했다. 1991년 지방의회에 진출한 여성 의원 비율이 0.9%라는 사실을 떠올린다면, 2배 이상 늘어난 수치다.

광역의회의 여성 당선자는 총 54명(지역구 12명, 비례 42명)으로 전체 당선자 972명 중 5.65%를 차지했다. 기초의회는 여성 당선자가 총 72명으로 전체 당선자 4,541명 중 1.56%를 차지했다.

이처럼 진전된 결과는 여성계가 여성 후보 공천 20% 할당을 요구하는 등 적극적인 활동을 펼친 성과이기도 하다.

1998

여성계는 1998년 '여성 정치 도약의 해'로 선포하며 더욱 적극적인 활동을 벌였다. 하지만 후보 등록에서부터 여성 후보의 비율은 낮았다.

선거에 도전장을 낸 여성 후보는 전체 231명으로, 1995년 325명에 비하면, 94명이 줄어든 셈이다. 광역의회 여성 후보는 91명으로 전체 출마자 1,480명 중 6.14%를 차지했고, 기초의회는 140명으로 전체 출마자 7,754명 중 1.80%에 불과했다.

여성 후보의 당선은, 전체 당선자 4,179명 중 97명으로 2.32%이다. 기초의회 56명(전체 당선자 3,489명의 1.6%), 광역의회 41명(지역구 14명, 비례 27명, 전체 당선자 690명의 5.94%)이다.

2 0 0 2

2002년에 처음으로 도입된 광역의회 비례대표 의원 명부에 후보 2인마다 여성 1인을 포함하도록 한 규정 때문에 광역의회 비례대표에 여성을 많이 공천했다. 그렇지만, 여성 출마자는 총 222명으로 역대 선거 중 가장 많이 도전장을 냈다. 광역의회는 전체 1,531명 중 3.13%인 48명, 기초의회는 전체 8,373명 2.65%인 222명이었다.

선거 결과, 기초의회 77명, 광역의회 14명으로, 전체 여성 당선자 수는 91명이었다. 여성 당선자 비율은 전체 당선자 4,094명(광역의회 609명, 기초의회 3,485명) 중 91명, 2.22%였다.

다시 종합하면, 1991년 48명(전체 의원 5,161명 중 0.93%), 1995년 126명(전

체 의원 5,513명 중 2.28%), 1998년 97명(전체 의원 4,179명 중 2.32%), 2002년 91명(전체 의원 4,094명 중 2.22%)이다. 역대 지방선거에서 여성 의원수를 모두 합하면 총 362명이다. 이는 지방 자치 부활 이후 총 18,947명의 지방의회 의원 가운데 여성 의원들은 전체의 1.91% 정도의 숫자다.

역대 지방선거에서 여성의 정치 참여는 느리지만 증가 경향을 보인다. 그러나 여성에게 지방선거에 도전하는 데에는 현실적으로 많은 벽들이 존재한다. 유권자의 편견, 자금력 부족, 매스컴의 여성 후보에 대한 부정적 태도, 상대방의 흑색선전, 조직 관리 능력 부족 등이 그 벽이다.

따라서 여성에게 놓인 이러한 높은 벽을 제거하거나 낮추기 위해서 '여성 할당'을 위한 제도적 개선이 필요하다. 또한 여성 후보들이 도전장을 냈지만, 당내 경선에서 떨어지는 예가 많다. 당내 경선은 여성에게 불리하게 작용하는데, 각 정당이 여성을 위한 특단의 대책을 내 놔야 한다. 특히 전략 기획 공천에는 중앙당의 의지가 크게 작용하기 때문에 여성의 지방의원 수 증가는 중앙당의 의지만큼 늘어날 수 있다고 볼 수 있다.

여성, 정치인에게

　지방선거를 앞두고 여성 의원이 되고자 하는 여성 후보들이 분주하다. 각 정당 여성국 당직자들의 발걸음도 바빠졌다. 훌륭한 여성 의원들을 소개하려고 하는데, 누구를 소개해야 적당할까? 멋진 여성 의원들이 너무 많기 때문이다.

　우선 지방선거에서 '뉴스 메이커'로 떠오른 '강금실 전 법무장관'이 떠올랐다. 각종 여론조사에서 서울시장 후보 1위를 차지하고 있는 강금실을 소개하기로 결정한 이유는 '여성 정치 운동'의 역사를 해석하는 데 도움이 될 것이라는 생각 때문이다. 현재 여성계는 '강금실'에 대해 여성 편에 선 정치인으로 평가하며 비공식적으로 지지하는 분위기다. 나 또한 그런 입장에 속한다. 하지만 향후 강금실이 서울시장 후보로 나온다면, 여성계에서 '강금실 지지 논란'이 일어날 가능성도 배제할 수 없다. '강금실 지지 논란'엔 '여성 정치 운동'의 진일보라고 의미를 두고 싶다. '박근혜 지지 논란'에서 '생물학적 성'인 여성 대 '사회적 성'인 여성 지지를 둘러싼 대결 구도였다면, '강금실 지지 논란'엔 적어도 논란의 지점인 '생물학적 성'으로서의 여성은 고려 대상에서 제외되는 것이다. 이는 한 단계 업그레이드 된 '사회적 성'으로서의 여성의 내용이 무엇인가에 대한 즉, 여성 정치의 본질적인 토론이 가능할 것이기 때문이다.

　여성 기초의원으로 소개하는 도봉구의회 '추경숙' 구의원은 「환경운동연합」 활동을 10년 동안 하다가 2002년 '초록정치'의 물결을 따라 시민 환경 여성 후보로 정치를 시작하게 된 사례다. 그녀를 만나면 평범한 아줌마의 푸근함과 강단을 느낄 수 있다. 추경숙 의원을 통해서, 평범하지만 그리 평범하지 않은 우리 주변의 '아줌마'들에게 감히 정치에 도전하라고 권할 수 있는 자신감을 갖게 된다.

또한 17대 국회에 여성 운동이나 노동 운동을 하다가 금배지를 단 여성 의원을 소개하려고 한다. 하지만 이들의 금배지는 다른 국회의원들의 금배지 의미와 사뭇 다르다. 오랫동안 사회운동을 하면서 고민했던 사회 변화의 내용들을 구체화시키는 '장치'인 것이다. 여성계에서 '여성 단체 장, 열린우리당 입당' 논란의 주인공인 이경숙 의원은 "NGO 유전자를 가지고 국회에 들어가서 친여성적인 정책을 펼치겠다."고 약속한다. 'YH사건'의 주인공인 최순영 민주노동당 의원은 여공, 노조활동가, 지방의원을 두루 거쳐 국회의원이 되었다. 최순영 의원은 지방 정치를 하면서 학교급식법 조례 제정 운동을 했다가 국회에 들어와서는 '학교급식법' 개정안을 제출하며 의정 활동의 연속성을 지켜 나간다. 우리나라 최연소 법학 박사였던 이은영 열린우리당 의원 역시 교수로서 「참여연대」와 여성 단체 활동을 하다가 정계에 입문했다. 이은영 의원은 "법률을 만들 때 보람과 공포를 동시에 느낀다."며 입법자로서의 무거운 책임감과 사명감을 여전히 가지고 있다. 손봉숙 민주당 의원은 오랫동안 「한국여성정치연구소」 활동과 여성 운동을 하면서 여성 운동의 이론을 만들고, 실천을 함께해 왔던 인물이다. 손 의원은 여기서 소개하는 여성 의원 중에 최고령이지만, 누리꾼과의 쌍방향 의사소통에 가장 탁월한 여성이다.

강금실이 '여성 영웅'으로 나서야 하는 이유

솔직히 말하면 나는 '강금실' 같은 여성에 대해 그리 호의적인 편은 아니다. 아니 별로 매력을 느끼는 편이 아니라는 게 더 적절할지도 모르겠다. 그녀가 다양한 형태의 자본을 많이 지녔기 때문이다.

많이 가졌으나, 가진 자 같지 않은 그녀

강금실은 명실 공히 한국 사회 최고 엘리트다. 경기여고, 서울법대 출신, 사법고시 패스. 지적인 데다, 세련된 도시적인 분위기를 풍기는 덕에 그녀는 가수 이효리의 인기를 빗대어 '강효리'라는 별명도 얻었다. 아직까지 한국 사회에서 여성의 가장 중요한 사회적 자본으로 '외모'를 꼽는 배경이 작용하는 탓일 게다.

그녀는 또 문학이나 춤 등 예술에 대한 조예도 깊다. 문학평론가 박철화는 『강금실, 매혹의 카리스마』라는 책에서 강금실 전 장관이 변호사 시절 작성한 「장정일을 위한 변론」에 대해 "사회와의 관계 속에서 미적 반항으로서의 현대 예술의 의미를 드러내는 그 글은 놀라운 인식의 깊이를 보여 준다."고 극찬한다.

그녀가 이 땅의 기득권 세력들처럼 사회질서에 편승하며 자신의 이익만 대변하며 살았냐? 그것도 아니다. 1년차 초임 판사였던 그녀가 전두환 독재 정권 시절인 1984년, 학내에서 시위를 하다 즉결 심판에 회부된 서울대생 세 명을 증거가 없다고 풀어줘 시국 사건이 없는 가정 법원으로 전출된 일화[12]나, 국가보안법 제7조 5항에 대한 헌법재판소 합헌 결정을 비판하는 글을 기고[13]한 이력 등을 접하고 보면, 그녀가 보통 사람은 아니라는 생각이 든다.

대부분의 보통 사람들은 그중에 한 가지 덕목이라도 제대로 갖기 힘들다. 그렇게 멋진 그녀를 보면서, 전형적인 미모의 엘리트 여성으로서 그녀가 가진 다양한 사회적 자본은 그녀의 후천적인 노력으로 획득된 것도 있겠지만, 선천적인 미모와 머리, 출신 계급의 혜택이 크게 작용하지 않았을까 하는 생각이 드는 것을 부인할 수 없다. 그리고는 이내 부르주아 여성에게 느낄 수 있는 열등감과 이질감, 부러움과 동경 등의 묘한 감정이 뒤섞인 상태에서 그녀를 해석하게 된다.

하지만 계급적 이질감 때문에 느끼는 거부감은 그녀가 소수자 인권에 대한 감수성을 보이는 대목에서 눈 녹듯이 녹아내리고, 이제는 그녀가 '연대'의 대상임을 알게 된다. 그녀는 2003년 2월 27일 법무부 장관 취임식에서 "저는 법무부가 검찰과 관련된 부분 외에 기능면에서 국민과 멀어져 있었던 부분이 상당히 있었다고 봅니다. 국민의 인권, 특히 여성·아동·장애자 등 소수의 인권을 보호하는 어떤 정책들, 출입국관리사무소와 난민 문제, 이주 노동자 문제 등 너무나 할 일이 많습니다."고 말했다. 과거 역대 법무부 장관과 비교했을 때, 그녀는 소수자 인권에 가장 예민한 감성을 지닌 장관이었을 것이다.

그녀가 정치를 해야 하는 다섯 가지 이유

각종 여론 조사에서 강금실 전 법무장관의 인기는 높다. 특히 열린우리당 서울시장 후보로 단연 1위 자리를 차지하고 있다. 그러나 그녀의 정치권을 향한 행보는 아직 깜깜 무소식이다.

그렇다면, 그녀가 왜 정치에 나서야 하는가? 나는 이 물음에 답을 여러모로 생각해 봤다.

하나, 그녀는 정치의 본질인 사랑에 해박하고 정통하다.

전 남녀 간의 사랑과 다른 사랑이 본질적으로 다르다고 보지 않아요. 사랑은 사회적 관계 속에서 벗어나 개인이 가진 고유하고 고독한 영혼들이 부딪치는 거라고 봐요. 사랑을 하면 가장 좋은 것이 영혼이 드러나는 느낌을 받잖아요. 이건 사회적 지위나 학벌, 남녀, 이런 조건들이랑 관계가 없는 거죠. 그냥 진심이 받아들여지는 상태가 아닌가 싶어요.[14]

강금실 전 법무장관이 한 언론과의 인터뷰에서 '사랑'에 대해 얘기한 부분이다. 그녀는 자신을 스스로 '사랑주의자'라고 생각하면서 살았다고 한다.

개인이 가진 순정성을 지킬 수 있는 유일한 방식이 사랑이기 때문이란다.

앞에서 언급했던 힐러리 로즈가 사랑을 돌봄, 보호, 친밀성, 감성 등의 특성이 요구되는 노동이라고 정의한 것을 다시 떠올려 봤다. 강금실 전 법무장관이 말한 '영혼이 드러나는 느낌' 그리고 '개인이 가진 순정성을 지킬 수 있는 유일한 방식'인 사랑은 돌봄, 보호, 친밀성 등의 구체적인 행동 양태로 드러나는 게 아닐까?

그녀는 법무부 장관 자리를 어렵사리 수락하면서 "가슴을 따뜻하게 해 주는 사랑이 제일 중요하다고 생각한다. 모든 사람이 가슴 따뜻하게 살 수 있는 사회를 만들고 싶고, 그러자면 우리 사회가 고쳐야 할 게 많다."는 말을 한 바 있다. 이처럼 그녀는 정치에 요구되는 감성인 '사랑'에 익숙하다.

둘, 그녀는 정치의 본질인 권력에 대한 기본 철학으로 '권력의 해체'를 얘기한다. 바로 새로운 시대에 새로운 패러다임이 요구되는 정치가적 자질을 지닌 것이다.

모든 조직은 조직이 갖는 어떤 순결한 정신이 있다. 검찰이라면, 검찰 조직이 갖는 순결한 정신이 있는데 그게 많이 훼손돼 왔다. 단순하고 순정한 것은 쉽게 오염될 수 있다. 하지만 내부에 와서 보니까 의외로 그게 살아 있는 검사들이 많다. 그들을 접하면서 어떤 '칼'의 순결성을 느꼈다. 그걸 살려 주고 업무의 순결성을 회복하기를 바란다. 순결성은 자기 방어 기제가 없는 것이고 권력의 해체이다. 그러려면 자기를 내놔야 한다.

온전히 내놓아야 한다.[15]

강금실은 자신의 기본 철학은 '권력의 해체'라고 말했다. "권력관계 ― 계급이 있는 관계 ― 그 속에서 사람들이 서로 투명하게 만나지 못하고, 있는 그대로 살지 못하고, 그런 우리들의 초상을 볼 때 슬프다."[16] 강 장관은 "권위주의화한 문화를 깨어 나가는 것이 개혁의 본질"이라고 말했다.

그녀가 생각하는 '정치권력'이란 바로 '역할'이며, 조직이나 사회가 위임해 준 권력이기 때문에 자기 개인의 권력으로 전유해서 안 된다고 말한다. 그녀가 법무부 장관 자리를 수락한 것은 정치인이 아닌 '전문가의 영역'이었기 때문이라고 말한다. 다음은 그가 언론과 인터뷰에서 밝힌 정치권력에 대한 설명이다.

법무부 장관 자리를 저는 전문가 영역으로 생각하고 갔어요. 그런데, 그 자리는 현실적으로 민감한 정치적 자리라는 사실을 새삼 실감했죠. 말하자면 권력이 집중된 자리인데, 저는 권력이 집중돼 있다기보다는 역할이 집중돼 있다고 봐요. 정치권력이란 게 원래 대리자 역할을 하는 거고, 그 사실에 충실할 때 정치가 투명해질 수 있다는 생각이죠. 자리를 역할이 아니고 권력이라고 생각하면 그건 도취(盜取)이자 도착(倒着)이죠. 한국의 정치 상황은 그런 도취와 도착이 아직도 만연해 있어요. 어느 조직이나 사회가 위임해 준 권력을 자기 권력으로 전유해서 영속화하려는 속성이 있는데, 가장 적나라하게 나타나는 곳이 정치의 장이죠. 그 사실을 뒤

집어 보면 정치가 그만큼 사회적 소통에서 의미가 집중된다는 뜻이기도 하고, 그런 이유 때문에 사회 운용을 위해 가장 잘 돌아가야 하는 장이죠. 그런데 사실은 진실이 가장 막혀 있는 곳이 정치라는 생각을 해요. 사람들의 진의가 서로 통하는 게 진실된 상황이라면, 예술이나 학문이 거기에 좀 가깝게 가려고 하는 것 같은데, 그 안에서도 그런 도취와 도착은 어느 정도 있죠.[17]

셋, 그녀는 '여성의, 여성을 위한, 여성을 위한 정치'를 잘할 수 있는 기본 자질을 갖췄다. 즉 여성 정치를 잘할 수 있다는 것이다.

여성계의 오랜 숙원이었던 호주제 폐지와 성매매 방지에 앞장섰던 강 장관은 몇 해 전 여성신문사가 주최한 '여성계와의 대화'에 참석해 "내가 나만의 능력으로 이 자리에 온 것이 아니다. 여성들이 모두 함께 그렇게 기뻐해 줄지는 몰랐다."고 말하면서 여성주의 연대에 대해 감사 표시를 했다.

그녀가 장관 자리에서 물러났을 때인 2005년 여성단체연합이 사무실을 서대문으로 이전해서 회원들과 친교의 자리를 마련했는데, 그녀는 이 자리에도 참석해 '여성주의와의 연대'를 유감없이 보여 주었다.

그래서인지, 조한혜정 연세대 사회학과 교수는 "강 장관은 판사 출신이지만 기득권에 묻히지 않고 여성 운동의 세례를 받았으며, 그래서 중심의 언어와 여성적 조율의 언어를 모두 갖고 '게임'을 할 줄 아는 여성"[18]이라고 평가한 바 있다.

넷, 극한 체험의 유혹, 어떤 체험에 대한 열망을 소유한 사람이다. 강 장관은 법무장관이 된 후 언론과의 인터뷰에서 이렇게 말한 적이 있다.

그런데 왜 갔느냐?…… 나 자신을 던지고 싶은 심리, 어떤 극한 체험의 유혹 같은 게 있었어요. 고민이 많이 됐지만, 어떤 직관적인 느낌이 가라고 등을 밀었어요. 왜 이런 거 있죠. 미지의 땅을 밟을 때 원시인들이 가장 공포를 느끼는데, 그 공포에도 불구하고 등을 떠미는 유혹 때문에 발걸음을 옮겨 버리는 것, 그런 거랑 비슷해요. 처음에는 엄두가 안 나고 자신 없고, 마음 밑바닥에 있는 모든 것이 고민과 근심으로 한꺼번에 올라왔어요. 어떻게 낙마할지 모르기 때문에 죽으러 가는 심정이었는데 어떤 직관이 가라고 등을 밀었어요. 자기를 다 던지고 가는 어떤 체험에 대한 열망 같은 게 있지 않았나 싶어요.[19]

그녀는 멈추어 있는 사람이 아니라, 어떤 비밀스럽고 위험스런 체험에 대한 열망을 가진 사람이다. 그래서 그녀는 사람을 만날 때도 '자기에게 도움이 되는 사람'이 아닌, '마음이 통하는 사람'을 만나고, 그런 사람들과 주로 일한다.

일로 만나는 경우 외에는 마음으로 묶어 주는 사람과만 친해요. 일할 때도 되도록 마음으로 호흡이 맞는 사람과 일하길 희망하죠. 이성은 세상을 움직이는 데 필요하지만, 사람을 움직이는 건 정서인 거 같아요. 마음이 맑은 사람, 자기를 지켜 내는 사람을 좋아하죠."[20]

머물러 있는 사람은 '집착'이라는 유혹에 빠지기 쉽다. 그것은 머무를수록 '소유'하게 되는 것이 많고, 그것은 이미 '기득권'이 될 수 있기 때문이다. 그러나 어떤 극한 체험의 열망을 가진 그녀는 '정치권력'과 마주할 때에도 '머무르는 자'의 모습이 아닌 '흐르는 자'의 모습을 나타낼 것이다.

다섯, 여성 정치의 불행한 현실이 '여성 영웅'을 필요로 한다. 나는 앞장에서 여성이 정치를 잘하는 이유로 '정치권력'에 대한 생각이 남성들과 다르기 때문이라고 했다. 남성들에게 정치권력 그 자체가 목적이라면, 여성들에게 정치권력은 수단이다.

그렇다면 정치권력을 수단으로 생각하는 여성은, 무엇을 목적으로 삼는가? 바로 관계의 회복이다. 존재의 복원이기도 하다. 그런데, 이와 같은 생각에 가장 들어맞는 사람이 강금실이다.

문학평론가 박철화는 『강금실, 매혹의 카리스마』에서 여성 정치의 특성을 이렇게 설명한다. "자신의 성취를 방해하는 세력들에게 노골적인 적대감을 드러내는 남성들에 비해, 여성들은 성취 과정에서의 관계 맺음 그 자체를 중시한다는 것이다. 성취 그 자체보다는 존재들 사이의 관계를, 결과보다는 과정을 중시하는 이러한 자세야말로 요즘의 우리에게 절실한 덕목이기 때문이다. 약탈과 정복의 남성적 역사를 대신할 사랑과 소통의 여성적 역사의 씨앗이 그 안에서 자라고 있음이 제발 사실이기를 바란다 …(중략)… 투쟁보다는 사랑을, 혼자보다는 '함께'를, 소유보다는 소통을 더 중시하는 그것을 나는 '여성적'인 것이라고 생각한다."

　그는 이어 "오히려 약자로서 사회적 좌절을 맛본 여성들에 대한 위무와 미래의 새로운 여성 인적 자원들의 꿈을 위해서라도 계속해서 능력 있는 여성의 신화를 가꾸어 나갈 필요가 있다."고 말한다. 이런 관점에서 강금실 장관, 현정은 현대그룹 회장 등을 비롯한 사회적 엘리트 여성들의 존재는 그것만으로도 충분히 중요하다고 말이다.

부지 주부 추경숙의
중한 실험

추경숙 의원을 처음 만난 건 5년 전쯤. 「시민의신문」 기자를 할 당시 시민운동가를 무조건 섬기며, 존경하던 시절이다.

당시 서울 종로구 안국동 느티나무 카페는 시민운동가들의 전용 술집이나 다름없었다. 나는 기자라는 이유로 넉살 좋게 밤마다 술 먹고 싶은 충동을 그곳에서 해소하곤 했다. 지금은 인테리어를 새롭게 하면서 그곳을 드나드는 사람들이 많이 바뀌었지만, 당시만 해도 열정이 가득했던 시민운동가들의 가난한 주머니로 술을 먹기에는 '느티나무'가 제격이었다. 그곳에 가면 여성단체연합, 참여연대, 환경운동연합 등 주요 시민 단체 활동가들이 각 테이블마다 앉아서 세상 돌아가는 이야기, 시민운동의 방향, 생활인으로서 삶의 고민 등을 풀어내곤 했다. 어느 단체에도 소속되지 않은 나는 그곳에선 이방인이었고 기자라는 이유로 반겨 주지도 않았어도, 나를 어색해 하거나 싫어하지 않는 그런 테이블에 가서 은근슬쩍 앉곤 했다. 술 먹으면서 그들의 인생과 삶, 운동의 고민 등을 엿들으면서 마음속의 동지를 찾아 헤맸던 기억이 있다. 물론 술이 깬 다음 날엔 전날 들은 얘기들이 주로 신문을 만드는 데 기획 소스나 정보가 되긴 했지만 말이다.

그때 만났던 사람 중에 한 명이 바로 추경숙 의원이다. 당시 그녀는 환경

운동연합 활동가였는데, 정확한 직함은 기억이 안 난다. 술도 취했고, 환경 운동연합 출입 기자도 아니었기 때문에 그냥 얼굴과 이름, 이미지 등만을 기억하는 정도였다.

2002년 지방선거가 있을 즈음. 환경 운동을 하던 사람들이 '녹색 후보'로 지방선거에 도전한다는 얘길 들었다. 그 후보 속에는 내가 술자리에서 만났던 추경숙, 김달수 씨 등이 있었다. 환경운동연합 후보 50명 중 15명이 당선되었는데, 그중에 추경숙 의원도 있었다.

그 후 3년이 흐른 2005년 12월 22일 목요일 낮 도봉구의회에서 추경숙 의원을 만났다. 추경숙 의원이 나를 이미 알고 있던 터라 만나는 데 그리 어색하지는 않았다.

평범한, 그러나 철없는 주부

환경운동연합 활동 10년 했잖아요. 10년 정도 하면 나가야죠. 개인적으로 결혼도 하고, 아이를 낳았고요. 아이 낳고 키우면서 환경운동연합 본부 일을 하기는 어려웠어요. 아이 낳는 경험과 맞닥뜨렸을 때, 내 생각을 환경운동연합 활동에 담아낼 수 없겠더라고요.

환경 운동을 그만두고 정치에 뛰어든 사연을 묻자, 추 의원은 이렇게 대답했다. 참 소박하다.

그 당시 붙는다, 떨어진다는 것이 중요한지 몰랐어요. 아니 아예 개념이 없었지요. 녹색자치위원회에서 녹색 후보를 발굴하는데 5년 이상 환경 운동을 한 결혼한 여성이 1순위 대상자에 속했거든요.

하지만 2002년 6·13 지방선거에서도 역시 시민 사회 내에서 '정치 참여 논란'이 있었다. 녹색과 여성 쪽은 참여에 무게를 두었고, 다른 분야 시민운동은 시민운동의 순수성 훼손이라는 우려가 우세했다.

따라서 시민 단체 활동가들이 정치인으로 도전장을 내미는 데에는 거부감이 여전히 존재했다. 추경숙 의원은 그러한 거부감에 대한 인식 전환의 계기가 바로 경희대 NGO대학원을 다닌 것이었다고 설명한다.

경희대 NGO대학원을 다니면서 제가 시민 사회 역할을 꽹장히 좁게 바라보고 있다는 것을 알게 되었어요. 정치란 영향력을 행사하는 것인데, 시민운동도 넓은 의미의 정치라는 것이에요. 그리고 시민 사회 역할을 넓게 봐야 한다는 것이에요. 지방의원으로 활동하는 것도 제도권 안으로 들어가는 '정치NGO'처럼 그곳에서도 제 역할이 있겠다는 생각을 했어요.

궁금했다. 그녀가 정치인으로 변신하겠다는 생각을 했을 때, 가족들의 반응은? 의외로 '무덤덤'이었다.

가족들은 제가 녹색 후보로 지방선거에 나간다고 하니까…… 찬성하는 사람도 없고, 반대하는 사람도 없었어요. 남편도 사회 운동을 했던 사람이었고, 양쪽 부모님도 자식들에게 감 나라 배 나라 하며 간섭하는 스타일이 아니셨기 때문에.

추경숙 의원은 환경운동연합이 위치한 종로에서 살다가, 도봉구의회 의원으로 출마를 준비하면서 도봉구로 이사를 했다. 자그마치 1억 원의 빚을 졌다.

이 정도까지의 얘기를 듣고 나는 신기했다. 내 상식으로는 운동하던 가난한 부부. 키워야 할 아이가 둘. 이사를 하면서 진 1억 원의 빚. 지방의원으로 당선될 가능성도 모르고. 운 좋게 지방의원으로 당선된다 하더라도 살림이 필 만큼 월급을 주는 것도 아닌데. 추경숙 의원은 그런 자신에 대해 '철부지 주부'였다고 말한다.

돈도 없었어요. 지방선거에 도전하기로 결심하고 준비를 시작했을 때 다섯 살배기 아이와 세 살배기 아이가 차례로 있었어요. 미쳤다니까요. 애를 시댁에 보냈다, 친정에 보냈다 하며 키웠어요. 종로에 살 때는 시어머님이 다 봐 주셨는데, 여기 도봉구에 와서 새로운 지역에 적응해야지, 의원 활동 적응해야지, 애까지 키워야지, 내가 미친년이야……

추경숙 의원은 우아한 척하거나 고상한 척하는 여성은 아니었다. 그야말로 시골 동네에서 시끌벅적한 아줌마들의 자신감과 억척스러움이 풍겨 나왔다. 물론 그녀는 처음부터 자신의 삶과 사고 스타일이 여느 평범한 주부와 같지는 않았다고 고백한다. 환경운동연합 활동으로 잔뼈가 굵은 활동가 기질이 더 강했다는 것이다. 따라서 처음부터 보통 엄마의 정서를 따라잡기가 쉽지는 않았다고 한다.

2002년 6·13 지방선거 운동 시절 얘기도 잠깐 들려준다.

선거 유세를 하는데, 선거 운동원들이 길목에서 자리싸움을 하거든요. 운동원들끼리 서로 민낯 얼굴 보는 사이라서, 어느 정도 안면도 생겼어요. 그런데, 한나라당 후보인 저쪽 선거 운동원들은 아르바이트로 동원된 사람들이고, 우리 쪽은 동북여성민우회 회원들을 비롯해서 순수한 자원봉사자들이었거든요. 그래서 아르바이트들은 아르바이트 시간이 끝나면 정시에 바로 퇴근을 했어요. 그러면서 아르바이트를 하던 그분들이 "선거 운동은 여기서 하지만, 찍기는 저쪽(추경숙 의원)을 찍을 거야." 하고 말하더라고요. 선거에서 돈과 조직력은 없었지만, 진심과 열정의 차이가 있었던 것이죠.

개표 날, 결과를 보기 위해 남편이 개표 장소로 갔다. 추 의원은 상대 후보를 98표 차이로 제치고 운 좋게 당선되었다. 남편이 개표 결과를 보고 집으로 오더니 "다리가 후들거려서 선거 결과를 지켜보기가 힘들었다."는 말을 했다고 한다. 정작 당사자인 추경숙 의원은 그야말로 어리버리하게 집에 있다가 당선이라는 좋은 결과를 전해 들었다.

생명과 초록에 물든 정치인

좌충우돌, 철부지 추경숙 주부에게는 생명과 초록이라는 철학이 있었다. 그래서 여성 단체와 환경 단체가 추경숙 후보를 지지하고, 선거 운동도 도와주었다. 추경숙 후보는 동북여성민우회와 환경운동연합 공동 후보로 서울 도봉구 방학3동 구의원으로 나서서, 결국 초록과 생명의 기쁨을 다시 맛보게 되었다. 추 의원은 지방의회 시스템을 익히는 데 1년이 걸렸고, 전체적인 지역 정책의 메커니즘을 이해하고, 주민과 관계를 익히는 데 2년이 걸렸다.

시민 단체 출신답게 추 의원은 구 의정 활동을 하는 데 뭔가 남다른 점이 많았다.

한번은 도봉구청장이 차를 바꾸려고 했다. 도봉구의회 규정상 구청장 차의 내구연한은 5년이다. 그런데 구청장은 내구연한이 5년이 채 안 되었는데 차를 바꾸려고 한 것이다. 그와 같은 구청장의 행태도 이해가 안 가는 바는 아니다. 이미 다른 구청장들은 2천 5백만 원 가격의 차를 타고 다녔는데, 도봉구청장만 차를 바꾸지 않은 것이다.

그러나 여기에 가만히 있을 추경숙 의원이 아니다. 추 의원이 도봉구청장의 행동에 제동을 걸고 나선 것이다. 그러나 다른 의원들이 침묵을 지켰기 때문에 결과는 '딴지'를 건 셈이 되어 버렸다. 그래서 추경숙 의원은 이제 도봉구 공무원들이 '세상 물정 모르는 사람, 타협도 모르는 사람, 아예 말이 안통하는 사람'이라며 '왕따' 취급한다. 추 의원은 오히려 그것이 반갑기만 하다. 공무원들이 무슨 일이 있어도 추 의원에겐 로비할 생각을 하지 않는다. 하지만 추 의원은 자기를 포함해서 4명의 젊은 의원과 함께 의정 활동의 중심을 잡아 가고 있기 때문에 온전한 의미의 '왕따'는 아니란다.

환경 후보와 동북여성민우회의 공동 후보인 그녀는 의정 활동 때마다 '여성' 문제를 빠뜨리지 않고 집요하게 질의한다. 도봉구의회에서 여성발전기금 5억 원을 만들어서 2005년부터 관련 사업을 시작했고, 의회 여성위원회도 만들었다. 그런 노력 덕택으로 서울시가 도봉구를 여성 정책 1등 구로 선정했다는 것. 환경운동연합 후보로서 추 의원이 보여 준 것은 도봉산 골프장 건설을 무산시킨 것이다.

그녀는 기초의회에 여성들이 많이 들어와야 한다고 강조한다.

기초의회는 여성이 적합해요. 특히 지역엔 주 거주자들이 여성과 노인, 아이거든요. 아이들도 중고등학교 이상이 되면 동네에서 안 놀아요. 직장을 갖고 있는 엄마와 아빠 등도 이미 지역이 생활권은 아니고요. 따라서 지방의회에 여성이 많이 들어와서 지역의 여성, 노인, 아이들을 위한 정책을 많이 만들어야죠.

현재 그녀는 2006년 5·31 지방선거에도 출마할 마음을 갖고 있다. 지역 시민 단체와 지방 의원들과 함께 '가칭 도봉시민정치네트워크 무지개'를 만들고 있는 중이다. 생소한 이름이지만, 지역 내 시민 정치 조직이 필요하다는 것이다. 이를 통해 초록, 생명, 평등, 나눔을 지향하면서 문턱이 낮은 정치 조직을 지향한다. 지역 내 시민 정치 조직 활동을 통해 생활 의제를 자연스럽게 정치에 끌어들여서 지역 주민들이 삶의 실험을 하며 살아가자는 것이다.

추 의원이 지방의회 의정 활동에 대해 쉽고 편안하게 설명한다.

의정 활동이란 게 모든 정보를 시민들에게 날라 주는 정보통 역할을 하는 것이에요. 자기가 갖고 있는 정보를 자꾸 주민들에게 퍼 날라야 합니다. 또한 그런 역할을 하는 아줌마들이 의회에 쉽게 발을 디딜 수 있도록 의회의 문턱이 낮아지고, 그 문이 넓어져야 해요.

그녀는 이제 얼마 남지 않은 2006년 지방선거를 앞두고 다시 신발 끈을 동여맨다. "당선돼야죠. 쉽지는 않을 텐데. 제 개인이 당선되는 게 아니고, 지역의 시민운동이 당선되는 것이니까, 열심히 해야죠."

추 의원은 지금까지 그래왔듯이 도봉구에 초록의 물을 들이기 위해 초록의 퀼트를 한 땀 한 땀 뜨고 있다. 그 한 땀 한 땀 속에는 두 아이의 엄마, 늦깎이 의대생 남편의 부인, 며느리, 환경 운동가, 여성 운동가의 애환이 함께 묻어 나온다.

대표적인 여성 단체인 한국여성단체연합(이하 여성연합)은 초대 대표였던 이우정 씨를 비롯해 박영숙, 이미경, 한명숙, 지은희, 이오경숙 씨 등 단체 대표들이 정·관계에 진출했다.

특히 이오경숙 여성연합 대표가 지난 총선 때 열린우리당에 입당하면서, 여성 단체장의 정계 진출에 대한 논란이 크게 일었다. 당시 여성 운동이 '정계 입문의 전 단계'라는 의혹과 함께 여성 운동의 정치적 중립성이 훼손된다는 게 주요한 비판의 요지였다.

그럼에도 불구하고 정치권에서 여성 의원은 아직도 그 수가 부족하다. 따라서 여성 정치인의 충원 문제는 여성 운동의 중요한 화두가 아닐 수 없다. 나는 개인적으로 여성 단체 대표의 정치 참여에 비판적인 입장이 아니다. 오히려 장려해야 할 사항으로 생각한다. 이는 시민운동의 정치 참여를 둘러싼 논란에서 조희연 성공회대 교수가 주장한 '저수지론'과 맞닿아 있다. 즉 저수지의 물이 차고 넘치면 흘러야 하듯이 시민운동의 인재 풀이 차고 넘치면 정·관계로 진입할 수 있다는 것이다.

나는 두 가지 점에서 여성 단체의 장이 정치에 참여하는 것을 찬성한다.

한 가지는 여성 운동의 제도화보다 우려를 해야 하는 것이 '여성 운동의 세대 변화' 문제다. 1970,80년대 사회 민주화 운동을 하던 여성들이 여성 운동의 방향, 전략, 내용을 채운다면, 여성 운동은 사회에 뒤쳐질 수밖에 없기 때문이다. 오히려 과거에 열심히 사회 운동을 했던 여성 활동가 선배는 이제 시대 변화에 맞는 제도권이든, 비제도권이든 간에 새롭게 적당한 역할을 해야 한다. 그리고 20,30대 여성들이 이제는 여성 운동의 목소리를 제대로 내야 할 시점이라고 생각한다.

또한 아직까지 여성 정치인 수는 턱없이 부족하다. 정치권에서 여성 정치인의 충원 기제로서 여성 단체 활동의 경험자를 뽑는 것은 바람직하다고 본다. 왜냐하면 여성적 정체성을 갖춘 여성이 정치를 해야 하기 때문이다. 여성 단체는 여성적 정체성을 단단하게 만들기에 더없이 좋은 토양이라는 것이다.

어쨌든, 2004년 '여성 단체장 정계 진출 논란'의 주인공이었던 이경숙 의원. 열정적인 페미니스트였던 그녀가 국회의원으로 신분을 변화한 뒤에 그녀를 다시 만났다.

여성연합 공동대표 출신인 이경숙 열린우리당 의원의 인생 내력은 '살아있는 여성 운동사'를 방불케 한다.

이 의원이 이화여대 신문방송학과를 졸업하고 한 대기업의 그룹기획실 사보 기자로 입사한 것은 1976년이다. 출근 첫날부터 여성 차별을 체험한 이 의원은 2년 6개월 만에 직장을 그만두고 대학원에 진학해 역사학을 전공하면서

'여성 운동'과 인연을 맺는다.

그리고 그녀는 1983년부터 여성평우회, 여성민우회, 여성연합으로 이어지는 대표적인 여성 단체의 실무자와 대표로 일하면서 이효재, 박영숙, 한명숙, 이미경 등의 계보를 잇는 여성 운동의 대모로 성장했다.

이경숙 의원의 여성 운동 이력을 얘기할 때 빼놓을 수 없는 것 중의 하나가 '이경숙 사건'이다(이 사건의 주인공인 '이경숙'과 국회의원 '이경숙'은 동명이인이다).

사건의 발단은 1985년 교통사고를 당한 직장 여성 이경숙 씨(당시 방일물산 근무)가 가해자를 상대로 낸 손해 배상 청구 소송에 재판부가 이상한(?) 판결을 내리면서 비롯됐다.

당시 재판부는 "우리나라 여성의 결혼 평균 연령인 26세부터는 가사 노동에 종사하는 것으로 봐야 하므로 회사원으로서의 수입을 25세까지만 인정하라."고 판결했다.

1980년대 중반 여성계를 뜨겁게 달궜던 '25세 조기 정년제 철폐 운동'은 이렇게 시작됐거니와, 당시 이 사건을 사회적 이슈로 만든 '숨은 일꾼'이 바로 이 의원이었다.

　비상 의원총회를 마치고 인터뷰 약속을 지키기 위해 부리나케 달려온 이 의원에게 우리가 여성 운동에 눈을 뜨게 된 사연부터 묻기로 한 것은 너무나 자연스러운 수순이었다.

　•• 대학을 졸업하고 OB맥주 사보 기자를 하면서 직장 내 성차별 경험을 한 것이 여성 문제에 눈을 뜨게 된 계기가 됐다고요.
　○○ 대학 다닐 때 저는 소위 말하는 운동권 학생은 아니었어요. 신방과를 졸업하고 사보 기자로 입사했는데, 첫날부터 성차별을 느꼈어요. 출근하자마자 상사가 너무나 당연하다는 듯이 걸레로 책상을 닦으라고 시켰어요. 직장 생활 첫날이라 거부하지는 못했지요. 그래서 점심을 먹으면서 직원들에게 "기분 나빴다"고 얘길 했어요.

　•• 그랬더니 직원들이 뭐라고 하던가요?
　○○ 한 남자 직원이 하는 말이 "그런 일은 고등학교 나온 여자애나 하는 일인데 대졸한테 시켜서 되나" 하는 거예요. 그 말을 듣는 순간 오히려 '이 문제를 고졸 직장 여성들과 같이 풀어야겠다'고 결심했어요. 아무튼 그들과 함께 손잡고 이 문제를 해결하는 데 1년이 걸렸어요.

　•• 당시 직장 여성 선배들이 이런 관행에 맞서 싸운 적은 없었나요?
　○○ 어떤 사물이나 사안을 어떻게 보느냐가 굉장히 중요합니다. 물론 선배들도 여자한테만 책상 닦는 일을 시키는 것은 잘못된 거라고 생각했지만, 그

게 팔자라고 생각했던 것 같아요.

•• 직장 내 성차별 사례가 그것뿐만은 아니었겠죠?

∘∘ 무엇보다 먼저 월급에서부터 성차별이 있다는 것을 알았죠. 그리고 사
보 기자를 하는 동안 사장부터 근로자까지 모두 취재를 했는데, 근로자들의
열악한 생활상을 보고 너무 충격을 받았어요. 노동 운동과 여성 운동을 두고
많은 고민을 하다가 평생 할 수 있는 여성 운동을 선택하게 됐지요.

•• 다니던 직장을 그만두고 대학원에 진학하신 것도 그런 고민의 결과였
던 셈이군요.

∘∘ 직장 내 성차별을 직접 체험하면서 그때까지 제가 배운 게 참 잘못됐고,
사회 운동이 매우 필요하다는 것도 깨달았어요. 그래서 근대사를 공부하는
모임에 들어갔는데, 거기서 임종국 선생의 『친일문학론』을 읽고 또 한번 엄
청난 충격을 받았지요. 이 책을 접한 것이 제 인생에 하나의 '터닝 포인트'가
됐어요. 대학원에서 사학을 전공하게 된 것도 이 책의 영향이 컸지요.

•• 이 의원이 '친일문학론'의 영향을 받았다는 얘기는 저로서는 금시초문
입니다. 독후감을 말씀해 주시겠습니까?

∘∘ 그 책을 사서 봤는데, 당시까지 제가 알고 있던 상식으로는 상상할 수
없었던 김활란, 모윤숙 등 여성 지도자들의 적나라한 친일 행적 때문에 놀랐
어요. 그날 밤 도저히 잠을 이룰 수 없었지요. 그리고 그날부터 '가치관의 혼

란’ 속에서 살았어요. 노동 운동이든 여성 운동이든 뭘 하려면 우선 역사부터 알아야겠다고 생각해서 사학과 대학원에 갔어요. 그리고 대학원에서 역사를 공부하면서 여성 운동을 병행했죠. 그러다가 ‘이제는 본격적으로 여성 운동을 해야겠다’고 생각해서 1983년부터 본격적으로 상근자가 됐고, 이후 「여성평우회」를 만들었어요.

이경숙과 ‘이경숙’의 만남

•• 이 의원의 여성 운동 바탕에는 역사에 대한 자각이 자리하고 있었던 셈이군요. 여성 운동 상근자가 된 1983년부터 정치권에 진출한 2003년까지 따지면 최소한 20년을 여성 운동에 몸담으신 셈이 되는데, 1985년에 있었던 ‘이경숙 사건’을 소개해 주시겠습니까?

∘∘ 제가 여성평우회에서 상근자로 일하고 있던 시절의 일이었어요. 중앙일보 사회면 한 구석에 실린 1단 기사 하나가 눈에 쏙 들어왔어요. 이경숙 씨가 제기한 손해 배상 청구 소송 재판 결과를 보도한 기사였는데, 이걸 어떻게 이슈화할 것인지에 대해 많은 고민을 했어요. 우선 신문사 기자한테 전화해서 이경숙 씨 연락처를 알려 달라고 했지만 모른다고 하더군요. 그래서 활동가들이 모여서 한강 백사장에서 바늘 찾듯이 이씨를 찾아 나섰지요.

•• 이경숙 씨를 찾기는 찾았습니까?
∘∘ 백방으로 수소문한 끝에 영등포의 한 다방에서 이경숙 씨를 만날 수 있

었지요. 그런데 처음에는 이씨가 매우 소극적인 태도를 취하더군요.

•• 그 이유가 뭐였을까요?

∘∘ 이유는 두 가지였어요. 자신이 교통사고를 당한 사실이 알려지면 혹시라도 나중에 결혼을 못할 수도 있지 않을까 하는 것과 1심 재판에서 변호사 비용이 너무 많이 들어갔다는 것이 바로 그것이었지요.

•• 난감하셨겠네요. 그래서 난관을 어떻게 돌파하셨습니까?

∘∘ 그때는 무슨 배짱으로 그랬는지 모르지만, 이경숙 씨한테 다짜고짜 "변호사 비용은 걱정 말아라, 우리가 책임지겠다."고 장담했어요. 또 "교통사고 사건은 세월이 지나면 잊혀지니 빨리 해결하지 않으면 안 된다."는 논리로 설득했지요. 그런데 막상 이씨의 마음을 돌려놓은 뒤 사무실로 돌아와서 냉정하게(?) 생각해 보니 그때부터 걱정이 되더라고요. 그래서 변호사 비용을 어떻게 마련할까 고민하다가 조영래 변호사를 만나서 무료 변론을 부탁했어요.

•• 인권 변호사 조영래가 등장한 것도 바로 이 무렵이었군요.

∘∘ 알다시피 조 변호사가 보통 분이 아니잖아요. 이 문제를 제대로 해 보자고 하셔서, 그 당시 처음으로 여성 단체들이 연대 기구를 만들었어요. 여기서 조기정년제의 이론적 배경, 가사 노동의 가치 등 이론과 대안을 마련하기 위한 토론회도 열었지요.

•• 그러고 보면 두 '이경숙'이 만나면서 이 문제가 여성 운동사의 한 페이지를 장식하게 된 셈이군요. '경숙이들의 외침'이라고나 할까요?(웃음) 그런데 지금 생각해 보면, 25세 조기정년제라는 게 너무 웃기는군요.

∘∘ 지금 시각으로 보면 당연히 그렇죠. 그러나 당시에는 그게 우리 여성들의 엄연한 현실이었어요. 당시에는 여성들이 취업하면서 '결혼하면 직장을 그만둔다'는 각서를 썼어요. 그게 일종의 사회적 관습이었죠. 여성이라면 당연히 쓰는 것으로 생각했고, 누구든지 다 썼으니까요. 사표를 쓰지 않은 사람은 다른 지방으로 발령을 내기도 했고, 신혼여행을 다녀온 사이에 책상을 빼 버리기도 했지요.

동시 입장한 신랑과 신부

•• 잠시 화제를 가정 문제로 바꿔 볼까요? 17대 국회 개원 당시 이 의원은 같은 당의 최규성 의원과 '부부 의원'으로 화제가 됐습니다. 아마도 부부가 동시에 국회의원이 된 것은 헌정 사상 처음일 것 같은데, 최 의원을 처음 만났을 때의 사연을 가벼운 마음으로 소개해 주시죠.

∘∘ 모두들 가볍게 말하라는데, 사실 이런 질문이 제일 긴장돼요. 대학 졸업하고 회사에 다닌 지 한 2년 정도 되던 무렵에 친구의 소개로 지금의 남편을 만났어요. 그리고 어떻게 하다 보니까 결혼까지 하게 됐어요.(웃음) 너무 싱겁죠? 그나마 지금도 기억에 남아 있는 것은 결혼식 때 신랑과 신부가 동시에 입장을 했던 '사건'이지요. 우리 오십대 또래의 남자들 사고방식이라는

게 그렇지만, 당시 제 남편 친구들이 "규성이, 앞으로 너 어떻게 살 거냐"며 모두 경악을 했답니다.(웃음)

•• 결혼한 해가 어떻게 되죠?
∘∘ 1979년입니다.

•• 당시의 사회적 분위기에서 매우 파격적인 이벤트를 하신 셈인데, 신랑 신부 동시 입장은 두 분이 합의하신 겁니까?
∘∘ 그런 면에서 남편이 제 의견을 많이 존중하는 편입니다.

•• 화제를 다시 여성 운동 쪽으로 옮겨 보겠습니다. 여성 조기정년제 철폐 운동(1985~86)에서 출발한 여성 운동은 남녀고용평등법 제정 운동(1988~ 1989)을 거친 뒤 자연스럽게 여성 정치 참여 확대 운동으로 이어졌지요?
∘∘ 여성 관련 '이슈 파이팅'은 계속되는데, 이걸 어떻게 효율적으로 법과 제도로 연결할 것인가를 고민했어요. 그래서 여성 정치 참여로 생각이 모아 진 겁니다. 당시 정치권의 여성 진출 상황은 매우 열악했어요.

여성은 전국구 비례대표 의원 중 몇 명만 구색 갖추기로 배치돼 있었고, 남성이 독점하던 지역구는 돈과 조직으로 운영되고 있었죠. 여성들은 감히 엄두도 못 내는 상황이었어요.

•• 그래서 전술적으로 선택한 것이 지방 자치 선거였군요.

∘∘ 여성 운동 진영에선 1991년부터 지방의회 선거에 도전하기 시작했어요. 당시 여성연합이 중심이 돼서 지방의원을 배출하자는 논의가 나왔고, 17명의 여성 후보를 내서 14명이 당선되는 성과를 거뒀어요.

당시 제가 살고 있던 노원과 도봉 지역에서도 한 명씩 당선됐는데, 그렇게 선거 운동을 열심히 해 본 적이 없었던 것 같아요.

●● 그런 성과가 쌓이고 쌓여서 2004년 총선에서 여성 의원이 대거 탄생할 수 있었던 셈이군요. 그런데 4·15총선 당시 여성 정치 참여 논란이 있었는데, 이 의원의 경우 여성연합 내규를 어기고 정치권으로 간 것에 대해 비판의 목소리가 많았습니다만……

∘∘ 이 질문은 빼면 안 될까요?

●● 물론 여러 차례 이런 질문을 받아서 곤혹스러우실 거라고 봅니다. 그러나 이 기회에 깔끔하게 해명한다고 생각하고 답변하시는 것도 좋을 것 같습니다.

∘∘ 외부에서의 어떤 평가도 그대로 받아들이겠다는 것이 저의 기본적인 입장입니다. 사실 당시 여성 운동 내부에서 특정 인사를 거론하지는 않았지만 주요 인사를 정치권에 내보낸다는 논의는 있었어요. 열린우리당이 저한테 입당 제의를 했던 것은 바로 그 무렵이었죠.

물론 처음에는 일언지하에 거절했어요. 그런데 열린우리당이 저를 끈질기게 설득했지요. "매우 어려운 정치적 상황에서 창당을 하는데, 공동대표

중 상징적인 여성 인사가 정치권 밖에서 들어와야 한다."는 것이 설득 논리였죠.

시간이 너무나 급박하기 때문에 제가 들어오지 않으면 공석으로 갈 수밖에 없다고도 했어요. 여성연합에서는 제 임기도 곧 끝나니까 제가 (내부 논의를 거쳐) 결론을 내려서 갈 거라는 느낌은 있었을 거예요.

"열심히 일해 빚 갚을 터"

•• 조금만 기다렸다가 내부 논의를 거친 뒤 결론을 내려서 갈 수는 없었을까요?

∘∘ 딱 일 주일 정도의 시차가 있었어요. 그게 문제라면 문제였지요. 그런데 제가 자꾸 이런 얘길 한다는 게 구질구질하다는 생각이 드네요.

•• 이왕 말씀을 꺼내신 김에 마무리해 주시죠?

∘∘ ……아무튼 (여성연합 대표로서) 마무리를 잘해야 하는데, 그걸 못한 것은 제 불찰이죠. 그런데 여성 단체 내부의 원칙도 중요하지만, 어려운 상황에서 창당을 하는 분들의 요청도 더 이상 외면하긴 솔직히 어려웠어요.

그 사이에서 고민에 고민을 거듭했어요. 하여튼 당시 상황에선 여성의 정치 세력화가 중요한 부분이었고, 결국에는 마지막에 열린우리당의 요청을 수락했던 겁니다.

•• 여성연합이 이미 정치 참여를 결정한 마당에 논의 시기를 앞당겨 달라고 요청할 순 없었을까요?

∘∘ 저 개인 때문에 여성연합 총회를 소집하고 조직적인 논의를 요청한다는 것이 오히려 운동가의 자세가 아니라는 생각을 했어요. 오히려 나의 그런 선택에 대해 쏟아지는 비판이 있다면 제가 혼자 감수하는 게 낫겠다고 생각했어요.

물론 제가 모든 절차를 밟아서 정당에 갔으면 여성 운동을 하는 후배들한테는 더 좋았겠지요. 결국은 제가 NGO에 미쳤던 안 좋은 부분은 국회에서 열심히 일해서 갚는 길밖에 없을 것 같아요. 지금 제가 드릴 수 있는 말은 이것 밖에 없어요. 앞에서 저에 대한 평가는 외부에 맡겨야 한다고 말했던 이유도 바로 여기에 있습니다. (이경숙 의원은 여기까지 답변한 뒤 한동안 침묵을 지켰다).

•• 이 질문은 그만 드리겠습니다. 이 의원은 시민 사회 영역에서 국회라는 제도권 안으로 들어오셨는데, 어떤 점에서 가장 큰 변화를 느끼시나요?

∘∘ 저는 정치권에 들어오면 굉장히 다를 거라고 생각했는데, 17대 국회에 정작 들어와 보니 꼭 그렇지는 않더군요. 시민 사회 영역에서 다뤘던 대다수 이슈를 정치권에서 거의 모두 다루고 있거든요.

•• 정치인으로서 당론과 소신 사이에서 고민할 때도 많을 것 같은데, 당론과 소신이 충돌할 경우에는 어떻게 하십니까?

∞ 제가 열린우리당 당원이기 때문에 가능하면 당론을 따르지만 제 가치관과 심하게 위반되는 것은 소신대로 해요. 예컨대 이라크 파병에 대해 당론은 찬성으로 정해졌는데, 저는 반대표를 던졌어요.

하지만, 역지사지라고나 할까요, 문득 이런 생각도 들더군요. 호주제의 경우에는 열린우리당이 폐지로 당론을 정했잖아요? 그런데 만약 일부 남성 의원들이, 옳고 그름을 떠나 자기 소신(?)대로 호주제 폐지 당론을 수용하지 않고 반대표를 던지면 어떻게 하느냐는 고민이 바로 그것이었어요. 정치권에 들어와서 변한 것을 찾으라면 이런 생각을 할 수 있게 된 것도 말해야겠군요.

•• 여성 운동을 하시면서 '이오경숙'이리는 이름을 사용하다가 국회에 들어와서 다시 '이경숙'으로 돌아간 것도 하나의 변화라면 변화 아닐까요?

∞ 제가 '이오경숙'을 사용한 것은 호주제 폐지 운동을 시작하면서 엄마가 무시되는 것을 바꾸려는 '양성 쓰기' 문화 운동의 일환이었어요. 그런데 열린우리당에 들어와서 제가 공동대표를 맡으면서 정당 등록을 해야 했던 적이 있었는데 '이오경숙'은 안 된다고 하더군요.

그래서 현실적 차원에서 법률적 이름을 쓰고 있을 뿐입니다. 여성 운동에 대한 제 철학이나 소신이 바뀐 것은 아니니까 너무 걱정하지 마세요.(웃음)

•• 17대 국회에서 '이것만은 꼭 이루고 싶다'는 게 있다면, 말씀해 주시겠습니까?

∞ 제 상임위원회가 문화관광위원회와 여성위원회입니다. 그동안 시민 사

회가 추구해 왔던 과제들을 제가 할 수 있는 범위 내에서 이뤄 내도록 노력할 생각입니다.

우선 제가 문광위에 참여하고 있기 때문에 언론 개혁은 꼭 이루고 싶고, 호주제 폐지안 처리, 성매매방지법 실효성 확보, 보육 공공성 확보 등도 반드시 이뤄 내야 할 과제들이지요. 제 상임위와 직접 관련된 것은 아니지만 국가보안법 폐지에도 힘을 보태야겠지요.

아무튼 저는 시민 사회가 추구하던 가치를 국회 안에서 이뤄 내기 위해 노력하는 'NGO 대리인'의 역할에 최선을 다할 생각입니다.

NGO 대리인, NGO DNA?

•• '국회의원 이경숙'에게는 아직도 'NGO DNA'가 많이 남아 있는 것 같군요.(웃음) 그런데 그런 목표를 이루려면 시민 사회 영역과의 정책 공조도 중요하지 않을까요?

∘∘ 물론입니다. 호주제 폐지를 위해서 여성 단체와 공조를 계속하고 있어요. 밀양 성폭행 사건의 경우에도 현지에 가서 남부경찰서 관계자뿐만 아니라 시민 단체와 대책위 관계자도 만나 봤어요.

경찰과 대책위 사이에 시각 차이가 분명히 있거든요. 그리고 오늘 관계 당국과 시민 단체가 함께 하는 간담회도 진행했어요. 결국 정부와 NGO의 소통을 활성화시키는 것이 저의 몫이라고 생각합니다.

•• 그런 소통의 과정에서 NGO에 바라는 것이 있을 것 같은데요. 그것을 짤막한 구호로 표현한다면……

∘∘ "컴 앤 시"(Come and See; 와서 보라)라는 말을 드리고 싶어요. 백문이 불여일견이라는 말도 있잖아요?

•• 상임위원회가 문화관광위원회라서 드리는 질문입니다. 지난 국정 감사에선 카지노 등 사행 산업 문제에 천착하셨는데, 앞으로 어느 분야에 주력할 생각을 갖고 있는지 궁금합니다.

∘∘ 앞으로는 '굴뚝 없는 공장'인 관광 산업과 '욘사마'로 상징되는 문화 산업 쪽에 집중할 생각입니다. 특히 저는 문화 콘텐츠에 관심이 많아요. 아무리 뛰어난 IT와 방송 통신 인프라를 가지고 있더라도 제대로 준비하지 못하면 외국의 싸구려 문화 콘텐츠로 채울 수밖에 없는 상황이 올 수도 있어요.

기업을 살려야 하는 것은 당연하지만 '굴뚝 산업'에서 부가 가치를 창출하는 시대는 이미 끝났고, 결국 '굴뚝 없는 산업'인 관광 산업과 서비스 산업을 활성화해야 합니다. 일자리 창출도 바로 여기에서 대안이 만들어질 것이라고 생각해요.•

• 시민의신문 정지환 기자가 2004년 12월 17일 14:00-15:30 의원회관 336호 이경숙 의원실에서 인터뷰를 진행했고, 저자가 정리했다. 『시민의신문』, 2004년 12월 26일.

'여공' 최순영,
당당히 국회 입성하다

영구 집권을 꿈꾸던 박정희 유신 체제를 어느 날 갑자기 붕괴시킨 것은 탱크나 총칼이 아니라 가녀린 여공들의 절규와 몸부림이었다. 신민당사에서 "우리에게 먹을 것을 달라"고 외치며 농성하다 '산산이 부서졌던' 최순영과 김경숙과 그 벗들이었다.

그리고 25년이 흘렀다. 한국 현대사와 노동 운동사에 한 획을 그었던 'YH 사건'의 주인공인 '공순이 최순영'이 '민주노동당 국회의원 최순영'이 돼서 우리 곁으로 돌아왔다. 1970년대 산업화 시기 '억척스런 소녀 가장'의 전형이었던 그녀는 노동 운동을 통해서 '시대와의 대화'에 눈을 뜬 뒤 여성 운동, 지역 운동과 부천시의원을 거친 뒤 마침내 독립적인 헌법 기관인 국회의원으로 변신했다.

'각성은 이미 빛나는 달성' 이라 말했던 까닭

우리가 만난 최순영 의원의 사회 변화에 대한 꿈과 희망과 열정만은 여전히 변치 않은 채 여전히 그 뜨거움과 순수함을 유지하고 있었다.

'각성은 이미 빛나는 달성.' 우리가 최순영 의원과 만나기로 한 전날 한겨레신문에 실린 칼럼의 제목이다. 이 칼럼의 필자인 정신과 의사 정혜신 씨는 187명에 이르는 초선 의원들에 대한 국민적 기대가 컸던 만큼 실망이 큰 것도 사실이지만 그들을 도매금으로 비판하는 것 역시 적절한 접근 태도는 아니라는 취지의 주장을 펼치면서 이렇게 말했다.

싸잡아 매도하지 않고 찬찬히 살펴보면 쉽게 삿대질할 수 없는 초선 의원들을 발견하게 된다. 아직 눈에 확연히 드러나지는 않았지만 그들이 이룬 개혁의 성과도 적지 않다. 나는 그런 초선 의원의 이름을 한 30명쯤은 숨도 쉬지 않고 거론할 수 있다. 나의 경우 그 이름의 맨 꼭대기에 민주노동당 최순영 의원이 있다.[21]

정치인에 대한 최대의 찬사가 아닐 수 없다. 물론 최 의원은 2004년 국정감사에서 높은 점수를 받은 것이 사실이다. 문화일보 국감 평가에서 교육위원회 소속 의원 가운데 1위, 경향신문 평가에서는 여성 의원 가운데 1위에 올랐다. 그러나 그런 외형적 '성적' 때문에 정혜신 씨가 최 의원을 높이 평가한 것은 아니었다. 정씨의 주장에 따르면, '국회의원으로서의 각성을 늘 되뇌는 의정 활동'을 최 의원이 하고 있기 때문이란다.

국감이 파행을 겪을 때, 그가 국회의원이 되기 전에 숱하게 들었던 '정치인들 싸움질 좀 하지 말고 경제나 챙겨라'는 비난을 듣는 자리에 자신이 앉아 있다는 사실을 자각했다는 최순영의 고백은 신음처럼 들린다. 그는

'각성은 그 자체로서 이미 빛나는 달성'이라고 말한 적이 있다. 나는 그 말에 깊이 공감한다.[22]

그러면서 정씨는 "최순영으로 상징되는 '각성 상태의 초선 의원들'에게 힘을 보태는 일이 정치 개혁을 앞당기는 효과적인 방법"이라는 말을 덧붙였다. 우리는 최 의원에게 제일 먼저 이 칼럼과 관련한 질문을 던지며 인터뷰를 시작했다.

•• 최순영 의원을 극찬한 칼럼은 읽어 보셨습니까?

∘∘ 글쓴이에게는 미안하게도 그날 저녁에야 읽었습니다. 아침에 바쁜 일정이 있어서 신문을 못 봤어요. 그런데 오전부터 만나는 사람들마다 웃으면서 저에게 다들 뭐라고 하기에, 귀가하던 중 일부러 한겨레신문을 구해서 읽었어요.

•• 혹시 정혜신 씨와 평소 알고 지내는 사이는 아니었는지 반드시 물어 달라는 사람들이 많았습니다.(웃음)

∘∘ 솔직히 저도 깜짝 놀랐어요. 정혜신 씨를 만나 본 적은 한번도 없거든요. 그냥 글 잘 쓰시고, 시각도 좋은 분이라고는 생각하고 있었죠. 이건 완전히 나한테 변하지 말라는 채찍이구나 하는 생각이 들었어요. 많은 사람들이 그 칼럼을 봤을 테니, 앞으로 딴 짓도 못하게 생겼네요.(웃음)

•• 본격적인 인터뷰에 들어가기 전
에 여의도통신의 '일상적 모니터' 대
상 5인 의원 중 한 명으로 선정된 소
감부터 말씀해 주시겠습니까?

∘∘ 처음 연락을 받았을 때, 민주노
동당에서 저보다 훨씬 잘하는 의원이
많은데, 왜 나를 선정했나 하고 반문
해 봤어요. 사실 민노당 의원들이 모
두들 잘하시고 있잖아요.

그런데 보좌관이 설명하길, 여의도
통신이 실시한 설문 조사에서 민주노
동당 의원 중에서 시민운동과 지역
운동을 경험한 사람을 찾았다더군요.
그러면 조금은 이해가 간다고 했지요.

국회 본회의장에서 대정부 질문 중인 최순영 의원

사실 YH 이후에는 지역에서 시민운동을 한 셈이 되니까요. 밑뿌리가 그쪽
(노동운동)이니까 이쪽(시민운동)으로도 관심을 가지라는 채찍이구나 생각하
기로 했어요.

•• 연달아 '채찍'이라는 표현을 쓰셨군요. 최 의원 하면, 많은 사람들은 운
명적으로 'YH사건'을 떠올릴 것 같습니다. 하지만 오늘은 'YH 이전의 최순
영'에 대한 이야기부터 듣고 싶습니다.

∘∘ 글쎄요. 평소에 그 얘기는 제가 잘 안 해서 어디에도 안 나와 있지요.

•• 여의도통신과 시민의신문 독자들을 위해 특별히 말씀해 주실 것을 간청 드리겠습니다.

∘∘ (최 의원은 잠시 침묵하다가 말문을 열었다.) 고향이 강원도 강릉인데, 부모님이 일찍 돌아가셨어요. 남동생만 둘이었죠. 할아버지와 할머니가 우리를 키우셨는데, 제가 맏이였기 때문에 가정을 책임지려고 다니던 학교도 때려치우고 돈 벌러 1970년에 서울로 올라왔어요.

시골에서 고등학교 졸업한 동생들을 서울로 데리고 와서 공부시켰죠. 한마디로 '소녀가장'의 전형이었죠. 정말이지 억척스럽게 일했지만 원래 제 성격이 낙천적이었어요. YH에 와서 도급으로 일하며 봉급도 제일 많이 받았지요.

(두 손을 들어 보여 주면서) 날보고 사람들이 '일한 사람 손 같지 않다'는 말을 하는데, 잘 보세요. 가발을 하도 많이 짜다 보니 양쪽 손가락이 비뚤어졌어요. 노동조합에서 활동하기 전까지는 돈을 많이 벌어서 하청 공장을 차릴 생각이었어요.

•• YH에 입사해서 노조에 가입하기까지의 의식 변화 과정이 궁금합니다.

∘∘ 1970년 3월 초에 YH에 입사했어요. 노조에 가입한 것은 1975년 5월 25일이었고요.

•• 노조 가입 날짜를 정확히 기억하고 계시군요.

∞ 죽을 때까지 잊을 수가 없지요. 노조 활동할 때 입사 동기들이 많이 도와줬죠. 입사 동기 모임도 가졌어요. 동료들과 친하게 지냈는데, 제가 노조 활동 포섭(?) 대상자였던 모양이에요.(웃음) 결국 포섭이 돼서 지부장까지 했지만요.

아무튼 노조 활동을 하면서 교육을 통해 새로운 삶을 개척하게 됐어요. 1976년 크리스찬아카데미에서 받은 교육이 제 삶의 방향을 바꾸게 된 결정적 계기가 됐거든요. 더 체계적이고 이론적인 공부의 뒷받침이 필요하다는 것을 깨달았죠. 그때 신인령 선생님(현 이화여대 총장)이 우리 개인 교사였어요.

•• 최 의원에겐 그때가 '각성'의 출발선이라고 할 수가 있겠군요. 그런데 YH사건이 그렇게 엄청난 파장을 일으키고, 현대사를 뒤흔든 10·26의 도화선이 될 줄은 예상했었나요?

∞ 그렇게 예상은 안 했지만, 파문을 크게 일으키는 싸움을 하자는 내부 결의는 있었어요. '큰소리 한번 내보고 왕창 깨지자'는 게 우리의 목표였어요. 솔직히 그 전까지만 해도 살아서 유신 정권이 무너지는 꼴을 볼 수 있겠냐, 박정희가 늙어 죽으면 지만이가 바통을 이어받지 않겠냐, 이렇게 푸념을 하곤 했었지요.

그런데 신인령 선생이 항상 말씀하셨지만, "냄비에 물이 보글보글 끓다 보면 언제 넘칠지 아무도 모른다. 좋은 시절을 우리는 못 본다 하더라도 언젠가 유신 정권이 무너지는 날이 올 거다."라는 그런 희망까지 버릴 순 없었어요.

•• 유신 정권이 무너지고 현대사가 방향을 바꾸게 된 결정적 계기의 수많은 물줄기 가운데에는 바로 강원도 출신의 한 젊은 여공이 있었던 셈이군요.

∘∘ 크게 깨지면서 도리어 성공한 거죠. 제가 구속됐을 때 네덜란드에서까지 격려 엽서가 날아왔을 정도였죠. 외국 사람이 한글로 써서 보낸 엽서인데. 잘 알아볼 수 없을 정도의 글자 모양이었어요. 그게 지금도 어딘가에 있을 텐데……

•• YH사건 하면 김경숙 열사를 잊을 수가 없습니다. 지난 8월 11일 김경숙 열사(YH사건 당시 노조위원장) 추도식도 있었고, 민주노동당 명예당원증도 수여했지요?

∘∘ 김경숙 열사의 시신은 경찰에 의해 동료와 외부 인사의 참여가 철저히 통제된 가운데 강제로 화장됐어요. 나중에 우리가 경숙이 추도식을 열었는데 새문안교회 지하실에서, 그것도 숨어서 했어요. 그 당시는 원체 어려운 때였잖아요?

•• 무거운 질문을 드려야겠습니다. YH사건과 김경숙 열사는 국회의원 최순영에게 어떤 의미라고 생각하십니까?

∘∘ YH사건 10주년이 될 즈음 경숙이가 사람들로부터 잊혀져 가는 게 너무 속상했어요.(이 대목에서 최 의원의 목소리는 갈라졌고, 눈시울이 붉어졌다.) 사실 1970년대와 1980년대 노동 운동의 가교 역할을 담당했던 김경숙 열사는 1970년대 노동 운동의 대문을 활짝 열었던 전태일 열사와 크게 다르지 않은

역사적 무게를 가지고 있다는 게 우리의 생각이었어요.

그런데 그런 의미에 걸맞은 평가를 받지 못했지요. 그래서 뭔가를 해야겠다고 생각했어요. 10주기가 되던 해인 1989년에 모란공원에 묘비를 건립하자는 운동을 했던 이유도 여기에 있었지요. 그 당시 운동했던 사람들 중심으로 추진했는데, 김영삼 씨도 돈을 냈어요.

•• 국회의원에 당선되셨을 때 YH동지회 사람들의 감회가 남달랐겠군요?

∘∘ 그럼요. 사실 제가 1991년에 부천시의원에 당선되면서 언론에 보도될 때까지 우리는 연락을 끊고 살아야만 했어요. YH사건 당시 살벌했던 사회 분위기 속에서 경찰이 우리들 개개인을 감시했기 때문에 모두들 겁이 나서 쉬쉬하고 숨어서 살다가 연락도 없이 결혼하고 그랬거든요. 그러다가 세월이 흘러서 국회의원이 되니까 우리 당 홈페이지에 글도 남겨 놓더라고요.

"전태일 옆에 이젠 김경숙 이름도 당당히 올려야죠."

•• 지금까지 YH사건을 중심으로 살펴봤는데, 그 이후는 어떻게 사셨나요?

∘∘ 1980년에는 김경숙 추모 사업을 크게 하려고 고은 시인, 이문영 교수, 문동환 목사, 서경석 목사 등 어른들하고 계속 모임을 했어요. 그때 고은 선생이 김경숙 출판 기념회를 할 것인지 아니면 출판사를 할 것인지를 두고 고민해 보자고 했지요.

그러다가 추모 사업을 크게 하자, 전태일 열사 못지않은 역사의 증인으로

부활시키자고 얘기했어요. 그해 5월 19일에 기념사업회 창립준비위원회 약속을 잡았는데. 5·17이 일어나면서 모두 잡혀갔잖아요. 그래서 무산됐어요. 저는 그때 3개월 된 애를 업고 도망 다녔죠.

•• 남편 되시는 분이 YMCA 운동을 오래 하신 황주석 선생으로 알고 있는데, 결혼은 언제 하셨습니까?

∘∘ 1979년에 했어요. 신학을 전공한 뒤 노동 현장에 있던 남편이 쫓겨다니던 저 때문에 모든 것을 중도에 포기하고 YMCA에 들어갔지요.

남편은 노동자를 위한 현장 조직과 교육 프로그램이 필요하다며 마산 YMCA에 들어갔죠. 나는 김경숙 추모 사업을 하겠다고 서울에 남아 있었는데, 5·17쿠데타가 일어난 거예요. 결국 그해 8월에 서울 생활을 접고 남편한테 합류했지요. 거기서 3년 있었어요.

•• 최순영 의원 하면, 1990년대 중반 지역 운동의 메카로 불린 부천도 빼놓을 수 없을 것 같습니다. 부천과 인연을 맺은 것은 언제입니까?

∘∘ 1983년에 마산을 떠나서 수원에 잠시 머물다 부천으로 옮겼지요. 저는 부천에서 살면서 서울로 다니며 한국노동자복지협의회와 여성노동자회 일을 했어요. 그런데 우리 애가 점차 커 가면서, 지역 사람이 지역 운동을 하는 게 적절하다는 생각이 들더라고요. 그래서 부천여성노동자회를 시작으로 지역에서 여성 운동을 하게 됐죠.

1987년 대선 당시에는 공정선거감시인단 활동도 했지요. 선관위가 공단

노동자들한테 투표 등록 서류를 제대로 전달하는지 감시했는데, 민정당과 결탁한 깡패들과 신경전을 벌여야 할 만큼 살벌한 상황이었죠. 그 후에는 남편이 주부 운동을 제의해서 1990년부터 생협 운동도 시작했어요.

•• 그러다가 지방선거에 출마하게 된 거군요?

∘∘ 1991년 지방의회 선거가 시작되면서 시의원으로 출마하라는 제의가 들어왔어요. 처음에 저는 정당 활동은 안 한다는 생각으로 거절했어요. 그러다가 우여곡절 끝에 여야가 추천한 시민 후보로 선거에 나가게 됐지요.

원래는 다른 분에게 양보했던 것인데, 등록 전날 그분이 출마를 포기하는 바람에 어쩔 수 없이 출마했어요. 운명이었죠. 마침 한겨레신문이 여야가 추천한 시민 후보라고 저를 크게 다뤄 줬어요. 사실 저는 시의원 출마 역시 지역 운동의 연장이라고 생각했어요.

사전에 여성노동자회랑 논의를 했고, 회원들과 주부들의 자원 봉사로 선거를 치렀어요. 돈 안 쓰는 깨끗한 선거 운동의 모델을 만든 거죠. 그때 가톨릭대의 이시재 사회학과 교수, 김종회 사회복지학과 교수 등이 선거 전략 짜 주고 연설 원고도 써 주고 많이 도와주셨어요.

•• 부천시의원으로 활동하면서 학교 급식 운동, 담배 자판기 철거 등 다양한 활동을 하셨던 걸로 기억됩니다.

∘∘ 학교 급식 운동은 1993년부터 학부모연대회의를 만들어서 준비했고, 1995년 제2대 시의원 출마자들이 공약으로 내놓게 만들자는 것이 목표였어

요. 실제로 당시 민주당이 급식 문제를 당 정책으로 가져갔어요.

1992년 사업을 시작하면서 전국적으로 시선을 끌었던 담배 자판기 철거 운동 역시 국회가 국민보건건강진흥법을 만드는 것으로 이어졌지요. 그때 풀뿌리 운동이 매우 중요하다는 것을 정말이지 절감했어요. '윗물이 맑아야 아랫물이 맑다'가 아니라 '아랫물이 맑아야 윗물이 맑다'였지요.

•• 국회의원 최순영이 등장하기까지 이런 전사(前史)가 있었군요. 그러다가 민주노동당과 인연을 맺은 것은 언제였죠?

∘∘ 2000년에 민주노동당 부대표를 맡았어요. 그 이전에 1997년 대선에서 권영길 후보 선거 운동을 했어요. 이후 민주노동당이 30% 여성할당제를 도입했는데, 부대표를 못 세웠죠. 저한테 제의가 몇 번 들어왔지만 거절했어요.

그런데 1970년대 같이 운동하던 언니들이 "아무래도 그게 네 역할인 것 같다. 너는 그 안에 들어가서 하고, 우리는 밖에서 민주노동당 지원할게." 하면서 독려해 줬어요. 김혜경 대표와 함께 고민하다가 결국 같이 들어가자고 얘기했죠. 그래서 김혜경 대표는 빈민 대표, 저는 노동 대표로 민주노동당에 들어간 거예요.

'억척스런 소녀 가장'에서 'YH사건 노동 전사' 거쳐
'가장 진보적인 정치인'까지

•• 이번 국정 감사와 관련해 각종 언론으로부터 좋은 평가를 받으셨는데, 그 비결은 무엇이라고 보십니까?

∘∘ 우선 우리 보좌관들이 고생을 많이 했어요. (바로 그때 한 보좌관이 "저희가 뭘 했나요? 고생 별로 안 했어요." 하면서 지나가는 바람에 최 의원과 취재진은 웃음보를 터뜨려야 했다.) 그리고 민노당이 '국민과 함께 하는 국감'이라고 해서 전문가 단체들과 함께하는 국감을 준비해서 가능했다고 봅니다. 많은 사람들이 참여하고 고생해서 얻은 결과라고 생각합니다

•• 포부, 정책. 비전, 화두라고나 할까요, 국회의원 임기 동안 이것만은 꼭 이루고 싶다, 그런 것이 있다면 말씀해 주시겠습니까?

∘∘ 여성 노동자 비정규직 문제와 관련해 법과 제도적인 차원에서 해결이 될 수 있도록 역할을 했으면 좋겠다는 생각이 들어요. 보육 문제도 반드시 해결해야 할 과제로 꼽을 수 있을 것 같구요. 교육 문제와 관련해선 고등학교까지 의무 교육을 받을 수 있도록 입법화하고 싶어요.

우리 당 정책은 대학까지 의무 교육을 실시하는 것인데, 거기까지는 어렵더라도 17대에선 고등학교까지는 가야 하지 않을까요? 그리고 가난한 사람들이 의료 혜택을 조금이라도 더 받을 수 있도록 노력할 생각입니다. 마지막으로 국회가 좀 더 민주적이고 개방적으로 바뀔 수 있도록, 그래서 정말로

국민을 생각하는 국회 문화를 만드는 데 기여하고 싶습니다.

•• 상임위가 교육위원회인데, 학교급식법과 사립학교법에 역량을 집중하고 있지요?

∘∘ 우선 그 두 가지에 주력할 예정입니다. 학교 급식 문제는 우리 아이들에게 매일 찬밥을 먹일 수 없다는 상식에서 출발했습니다.

그런데 학교 급식이 이뤄졌지만 이번에는 장삿속 때문에 아이들의 식중독 온상이 되곤 했지요. 그래서 이번 17대 국회에선 학교 급식은 '직영으로 해야 한다'와 '우리 농산물로 해야 한다'는 내용의 학교급식법을 만들려고 합니다. 농촌을 살리면서, 환경 운동도 하자는 거지요.

•• 사립학교법 개정 문제도 국회에서 큰 논란이 되고 있는데, 최 의원은 어떤 정책적 입장을 가지고 있습니까?

∘∘ 부끄럽게도 사립학교법 문제의 심각성을 국회의원이 되어서야 알았어요. 우리나라에 이렇게 사립학교가 많다는 사실도, 부정 비리에 휘말린 사립학교가 수없이 많다는 사실도 이제야 알게 됐는데, 아마도 대다수 학부모와 국민들이 저와 비슷한 처지이지 않을까 생각합니다.

학교 비리를 사전에 예방한다는 차원에서, 그리고 학교 운영의 투명성과 공개성을 확보한다는 차원에서 '공익 이사제'를 도입하자는 것이 우리 당의 입장이자 저의 입장입니다.

•• 일부 사립학교 재단 관계자들이 관계법을 개정하면 학교를 폐쇄하겠다면서 반발하고 있는데, 어떻게 문제를 풀어야 할까요?

∘∘ 저도 처음에는 놀라고 걱정했는데, 가만히 생각해 보니깐 그게 아니더군요. 저는 그분들에게 말하고 싶어요. 차라리 학교를 폐쇄하라고요. 사실 대다수 사립학교는 인건비 등을 정부에서 다 지원 받고 있고, 학생들에게 공납비 받아서 운영비로 쓰고 있어요. 그러니까 폐쇄한 학교는 정부가 운영하면 되지요.

•• 국감 기간에 경북도교육청이 최 의원한테 트럭으로 제출한 자료와 관련해 일부 언론이 매우 비판적으로 보도했는데, 진상은 뭡니까?

∘∘ 국감을 앞두고 경찰이 수업 기자재 납품 비리와 관련해 경북도교육청을 대상으로 조사 중이라는 언론 보도가 났고, 그래서 자료 제출을 요구했던 겁니다. 그런데 공무원직장협의회와 담합해서 자료 제출을 안 했어요.

그때 경북도교육청은 '왜 경북만 문제를 삼느냐. 이것은 전국 문제가 아니냐'고 반발했지만, 그게 세밀하게 조사해야 할 필요성을 더욱 느끼게 만들었지요. 그리고 자료를 요청해도 국감 때만 주지 평소에는 잘 주지 않아요. 그래서 자료 제출을 요구했던 겁니다.

•• 결국 경북도교육청이 '한번 당해 봐라' 하는 마음으로 자료 제출을 했고, 일부 신문이 전말을 전하기보다는 감성적 보도로 장단을 맞춘 게 아니냐는 혐의를 지우기 어려워 보이는데……

∘∘ 일부 신문은 자료비로 2천만 원이 들어갔다고 해서 낭비라고 비판합니다. 그러나 무려 29년 동안 교구나 기자재를 납품하면서 비리를 저지른 것이 사실이라면 그 액수는 상상을 초월할 겁니다. 이번에 2천만 원 들여서 비리를 막고 근절할 수 있다면 그 비용은 감수하는 것이 당연합니다.

또 일부 신문은 경북도교육청이 2~3일 걸려서 자료 제출을 준비했다고 비판하는데, 그 역시 납품 비리를 막을 수 있다면 시간 낭비가 전혀 아니죠. 아무튼 1.5톤 트럭의 자료가 왔는데, 민주노동당은 이미 전문가들과 함께 상세한 검토에 들어갔습니다.

> "일부 신문이 국감 자료 제출 사건 악의적 보도……
> 학교 폐쇄? 그랬으면 좋겠어요."

•• 일부 언론이 선정적으로 보도하면서 매우 난처했을 것 같은데, 어떤 생각이 들었습니까?

∘∘ 괘씸한 생각이 들더라구요. 정말이지 악의적으로 보도했어요. 언론이 오히려 의원들의 국회 활동을 제대로 못하도록 위축시키는 것 같아요. 조선, 중앙, 동아 등 일부 신문이 오히려 의원들을 보수화, 수동화시키는 것 같아 문제가 심각하다고 생각했어요.

•• 상임위가 교육위원회라 던지는 질문입니다. 민족문제연구소의 친일인명사전 편찬 사업에 대한 교육부 예산 지원이 빠진 것으로 알고 있는데, 어

떻게 된 겁니까?

○○ 우리는 예산을 올리자고 했죠. 한나라당이 안 된다고 계속 물고 늘어졌어요. 한나라당은 처음에는 박정희기념관 건립을 반대했던 단체인 민족문제연구소에 지원할 수 없다고 말하더니, 나중에는 그게 얼마나 유치하다는 것을 알아챘는지 반대 이유를 다른 것으로 바꾸더라구요. 우리 민주노동당은 예산이 지원될 수 있도록 끝까지 최선을 다하겠습니다.•

• 정지환 기자가 2004년 11월 30일 12:00~14:30 의원회관 228호 최순영 의원실에서 인터뷰를 진행했고, 저자가 정리했다. 『시민의신문』, 2004년 12월 5일.

'여공' 최순영, 당당히 국회 입성하다　87

‘여성 정치’라는 개념은 ‘여성이 여성을 위한 정치’를 한다는 뜻이다. 따라서 제아무리 여성이 주체가 되어 정치를 하더라도 여성을 위한 정치가 아니라면 이는 여성 정치라고 칭할 수 없다. 사진은 ‘밀양 여중생 집단 성폭력 사건’ 진상 규명을 촉구하는 기자 회견. 왼쪽부터 시계 방향으로 김현미, 최순영, 이호웅, 홍미영 의원, 한우섭 한국여성의전화연합 공동대표, 이경숙, 유승희, 장향숙 의원.

'봉숙이 나빠요'에 정중히
글 단 손봉숙

국회의원 손봉숙하면, '외로움'이나 '울분'과 같은 단어들이 먼저 떠오른다. 아마도 이것은 우리의 느낌만은 아니었던 것 같다. 다음의 두 기사가 그것을 웅변적으로 증언해 준다.

정기국회 파행 7일째인 3일 오전, 민주당 손봉숙 의원이 텅 빈 본회의장에 혼자 앉아 회의가 시작되기를 기다리고 있다.(연합뉴스 2004.11.3)

민주당 손봉숙 의원이 울분을 터트리며 '끝내 못한 5분 발언'을 성명서로 대신했다.(굿데이 2004.12.2)

그러나 손 의원 관련 기사에선 '연대'나 '출범'이라는 단어도 자주 등장한다. 손 의원이 주도적으로 참여한 '국회 개혁을 위한 초선 의원 연대 모임' 출범 기사가 바로 그것이다. 하지만 손 의원에게 '외로움'과 '울분'이란 단어가 더 익숙한 것이 부인할 수 없는 사실이다.

실제로 손 의원은 2004년 12월 2일 국회 본회의장 단상에서 5분 자유 발언을 하기로 예정돼 있었다. 야외의 차가운 콘크리트 바닥에서 단식 농성을 감

행하고 있는 권영길 민주노동당 의원이 명예롭게 단식을 풀 수 있는 해법을 찾아보자는 호소를 하기 위해 자유 발언을 신청했고, 교섭 단체 대표들도 이를 양해했다.

하지만 오후 2시로 예정된 이날 본회의는 개회 시간이 2시에서 3시로, 다시 5시로, 또다시 6시로 미뤄졌다. 그러나 마지막으로 8시까지 밀리다가 회의는 끝내 열리지 않았다. 결국 손 의원은 자유 발언을 하지 못했고, 성명서를 발표하는 것으로 만족해야 했다. 그래서 우리는 손 의원에게 이 문제와 관련된 질문부터 던지기로 했다.

이론 정치에서 실물 정치로

•• 결국 5분 자유 발언을 못하시고 말았는데……

∘∘ 엄동설한에 권영길 의원이 단식 농성하는 것을 보고 동료 의원들이 아마도 심리적 부담을 가졌을 겁니다. 그래서 국회 본회의에서 권 의원 농성을 명예롭게 풀자고 발언하려고 했습니다.

사실 정당을 달리 하더라도 행정부가 의원 개인 사무실을 무단 침입했는데, 그냥 지나갈 수 있겠습니까? 이에 대해 정부의 각성과 사과를 촉구하는 발언을 하려고 했는데, 회의가 안 열리니까 결국 성명서만 내고 말았지요.
그 대신에 이메일로 성명서 내용을 동료 의원들한테 일제히 발송했어요.

•• 권영길 의원한테 고맙다는 인사는 받으셨나요?
∘∘ 그럼요. 권 의원이 직접 고맙다는 메일을 보내 주셨어요.

•• 결국 비교섭 단체의 설움을 톡톡히 겪으신 셈이군요.
∘∘ 맞습니다. 만약 거대 교섭 단체였다면 5분 자유 발언을 충분히 할 수 있
었겠지요.

•• 교섭 단체 의원들은 이 문제의 심각성을 제대로 이해하지 못할 것 같은
데, 어떻게 풀어야 할까요?
∘∘ 가장 큰 문제는 의사일정이 예측 가능하지 않다는 겁니다. 과거 사오십
년 전까지만 해도 국회서 선거 날짜를 정하는 문제로 한창 싸움을 했습니다.
그렇게 해서 법정 선거일이 정해진 것처럼, 국회 의사일정도 법으로 정해야
합니다.

•• 처음부터 너무 심각한 질문을 드린 것 같습니다. 준비한 질문을 시작하
지요. 여의도통신의 '일상적 모니터' 대상에 선정된 소감부터 말씀해 주시겠
습니까?
∘∘ 모니터 대상에 선정된 자체가 영광이죠.(웃음) 그만큼 격려를 받게 되는

셈이라고 봐요. 그래서 힘이 납니다.

•• 최근 국회 돌아가는 상황을 언급하지 않을 수 없네요. 국가보안법 폐지안 법사위 상정을 둘러싸고 열린우리당과 한나라당이 충돌하고 있는데, 민주당은 완전히 국외자로 소외돼 있다는 생각이 듭니다. 고래 싸움에 새우등 터지는 심정일 것 같은데……

∘∘ 한심하죠. 꼴불견이고…… 국민들이 17대 국회에 새롭게 태어나라고 주문했는데, 그런 것은 안 보여 주고요. 국민들이 개혁 세력에게 1백51석을 준 것은 국회를 새롭게 바꿔서 적어도 몸싸움을 하지는 말라는 뜻 아니었나요?

국보법이 오늘 통과 안 된다고 내일 난리가 나는 것도 아닌데 말이죠. 법사위 상정이 '역사적'이라고 했는데, 그렇다면 그렇게 해선 더 안 되죠. 물론 그렇다고 한나라당의 입장을 지지하는 것은 아닙니다.

•• 지금부터는 손 의원의 인생 역정과 관련된 질문입니다. 손 의원은 '시민 운동 현장에서 뛰는 여성 정치학자'로 알려져 있는데, 막상 국회에 들어와 보니 '이론 정치'와 '실물 정치'의 간극 같은 것이 느껴지진 않습니까?

∘∘ 제 전공이 한국 정치, 의회 정치, 정당 정치, 지방 자치입니다. 국회 밖에서 한국 정치사, 정당사, 지방 자치, 의회 발전과 관련된 책을 쓰면서 여성 운동을 병행했지요. 더욱이 시민 사회에서 정치 개혁 운동까지 하면서 국회를 현미경으로 보면서 연구해 온 셈이지요.

실제로 정치개혁시민연대 공동대표로 있을 때에는 국회 각 상임위에 처음으로 의정감시단 1백 명을 투입하기도 했지요.

그래서 등원할 때부터 국회에 대한 환상은 없었습니다. 이론 정치와 실물 정치의 간극이 있느냐고 했는데, 국회 밖에 있을 때 구체적으로 느끼지 못했던 것이 비교섭 단체 문제입니다.

•• 결국 비교섭 단체 문제로 귀결되는군요?

∘∘ 이 문제가 정말 심각하거든요.

•• 그렇다면 말씀하시죠.

∘∘ 국회법에서는 국회 운영을 원활하게 하기 위해서 의원수 20명을 교섭 단체 구성 요건으로 하고 있습니다. 그런데 교섭 단체가 합의하지 않으면 원 구성 자체가 안 됩니다. 교섭 단체에만 정책위원을 배정하는 것도 문제입니다.

아무리 가난한 사람이라도 최소한 방과 부엌, 마루는 있어야 하지 않습니까? 그뿐만이 아닙니다. 각 상임위원회 위원장을 선출할 때도 교섭 단체를 이루고 있는 정당 의원총회에서 미리 뽑습니다.

그러다 보니 비교섭 단체 소속 의원들은 어떤 의원이 후보로 나왔는지도 모른다는 겁니다. 정말 웃기는 일이죠. 각 상임위에 속한 의원들이 자율적으로 위원장을 뽑는 게 바람직하다고 봅니다.

•• 대안은 무엇일까요?

∞ 다시 한번 말씀드리지만, 교섭 단체라는 것이 국회 운영을 원활하게 하려고 만든 겁니다. 그런데 그 교섭 단체가 지금 국회를 파행으로 이끌고 있습니다. 따라서 교섭 단체를 폐지하는 것이 타당하다고 봅니다.

•• 그래도 국회가 운영될 수 있을까요?

∞ 현재 2당의 원내 대표가 모여서 하던 것을 5당의 원내 대표가 하는 겁니다. 소수당이 '매개'와 '완충'과 '견제'의 역할을 하게 되면 다원적인 사회적 가치도 제대로 수렴할 수 있고, 적어도 국회가 이렇게 막 가는 모습을 보이진 않을 거라고 확신합니다.

17대 국회가 교섭 단체 제도를 고치지 않는 한 파행 국회는 계속될 것이며, 17대 국회는 16대와 크게 달라지지 않을 거라고 봅니다.

동티모르에서 정치 기적을 보았다

•• 정치인 손봉숙이 아닌 자연인 손봉숙 얘기를 해볼까요. 이력서를 보니 1944년 경북 영주에서 태어나셨고, 이화여대 정치외교학과를 졸업한 후 유학을 떠나신 걸로 나와 있는데, 그때 얘기를 좀 해주시죠.

∞ 이화여대 정외과를 졸업하고 1971년 남편(안청시 서울대 정치학과 교수)과 함께 하와이로 유학을 떠났습니다. 당시 저는 아이 둘을 낳아 키우느라 남편이 박사를 마쳤을 때 석사만 마친 상태였어요.

그러다가 1977년 서울로 돌아와 국토통일원(현 통일부) 자료조사담당관

4급 과장으로 취직을 했습니다. 공무원이라는 안정된 신분을 가지고 한 3년 동안 북한 여성에 대한 연구에 매진할 수 있었지요.

•• 그 후 한국여성정치연구소를 세우면서 시민운동에 발을 들여놓게 됐는데, 어디서 힌트를 얻었나요?

∘∘ 1988년 남편이 안식년을 얻어서 프린스턴대학 교환교수로 갔고, 그때 저도 동행해서 미국여성정치연구소(1977년 창설) 객원연구원으로 일했습니다. 그때 한국여성정치연구소를 세워야겠다는 생각을 했고, 실제로 귀국해서 한국여성정치연구소를 세우게 됐지요.

그 후에 경실련을 하던 서경석 목사를 만나 1991년 지방선거 당시 공정선거실천시민운동협의회 활동을 하면서 정치 개혁 운동에 결합한 것이 시민운동과 인연을 맺게 된 계기가 됐습니다.

•• 손 의원의 경력 중에서 '동티모르 선거관리위원회 위원장'이 눈길을 끄는데, 어떤 인연으로 동티모르까지 가게 됐습니까?

∘∘ 멕시코에서 70년 만에 정권 교체가 이뤄졌던 2000년에 현지에서 기념 세미나가 있었는데, 그때 제가 발표를 하나 맡았어요. 그게 인상적이었나 봐요. 귀국 뒤에 유엔에서 팩스가 한 장 왔는데, 동티모르에서 선관위원으로 활동할 세 명의 민간인을 뽑으니 갈 수 있느냐는 내용이었어요. 당시만 해도 동티모르가 인도네시아에 의해 24년 동안 지배받았다는 정도의 낮은 지식밖에 없었지요.

당시 미국과 유엔이 주관해서 동티모르가 독립할 것인지를 결정하는 주민 투표를 관리하는 일이었는데, 1999년 7월에 동티모르로 떠나게 됐습니다. 그리고 마침내 그해 8월 30일 74.5%의 압도적 지지로 동티모르는 독립을 선포할 수 있었지요.

•• 그 후에 동티모르에 한번 더 가시게 됐지요?

∘∘ 2001년 동티모르가 제헌의회 선거를 하는데 저한테 다시 선거관리위원으로 와 달라고 하더군요. 2001년 5월부터 9월까지 4개월 동안 머물렀는데, 당시 선관위원 중 동티모르 경험이 있는 사람이 저 혼자여서 선거관리위원장으로 뽑혔어요. 그래서 88명의 제헌의원에게 제 명의로 당선증을 교부해 줬죠.

•• 그러면 동티모르 제헌의원의 당선증에는 모두 '선관위원장 손봉숙'이라고 적혀 있겠군요.

∘∘ 물론입니다. 동티모르는 21세기에 처음으로 유엔의 손을 거쳐서 탄생한 독립 국가입니다. 강대국들의 국제 정치 놀음에 휘말려서, 즉 미국이 눈을 감아 주는 상황에서 인도네시아의 침략을 받았던 망국의 아픔이 있지요.

•• 동티모르의 아픔에서 우리 민족의 자화상이 오버랩 되셨겠군요?

∘∘ 80만 동티모르 전체 인구 중에 20만이 죽었어요. 저는 동티모르의 독립 운동 지도자 구스마오(현 대통령)를 볼 때마다 김구 선생이 생각났습니다. 그

리고 지프차를 타고 거리로 나가면 차창 밖에서 아이들이 남녀를 구분하지 않고 '헬로우 미스터'라고 불렀던 것도 기억나요.

제가 초등학교 1학년 때 6·25가 일어났는데, 우리들도 '기브 미 초콜릿' 하면서 미군 지프차를 따라다녔지요. 내 어릴 때의 그런 자화상을 보는 것 같았어요. 동티모르의 독립 과정을 지켜보면서 36년 동안 일제 치하에서 고생하다가 어렵게 독립했던 우리의 자화상도 봤고요.

애정이 많이 갔고, 눈물도 많이 흘렸어요. 그래서 단순히 기술적인 차원의 선거관리위원장이 아니라 뭔가 더 동티모르에 기여하기 위해 열정을 가지고 일했던 것 같아요.

•• 단행본 『동티모르의 탄생 — 나는 한편의 휴먼 드라마를 보고 왔다』는 그렇게 해서 탄생한 것이군요.

∘∘ 그것은 정말로 한 편의 휴먼 드라마였어요. 당시 제가 감동을 받았던 얘기를 한 가지만 해 드릴게요. 1999년 8월 30일 독립을 결정하던 선거 바로 전날에 (친인도네시아 성향의) 민병대가 주민 투표를 방해하기 위해 사람들을 마구 죽이는 일이 있었어요.

그러자 수백 명의 마을 주민들이 모두 산으로 피신했지요. 우리는 두 달 동안 힘들게 선거 준비를 해 놓았는데 유권자들이 모두 산으로 가는 것을 보고 모든 것이 수포로 돌아갔다고 생각했어요. 그런데 다음 날 무슨 일이 일어난 줄 아십니까?

•• 무슨 기적이라도 일어났습니까?

∞ 기적이 일어난 셈이었죠. 선거가 있던 날 새벽 5시에 마음을 졸이며 투표소에 갔는데, 아 글쎄 투표장에 수천 명의 주민이 꽉 차 있는 거예요. 산으로 피신해 있던 마을 주민들이 새벽에 투표하러 내려온 것인데, 혼자 내려오면 위험하니까 무리를 지어서 내려온 거죠.

그래서 애를 업고 있던 아주머니에게 "투표를 시작하려면 아직 멀었는데 새벽같이 일찍 와서 왜 기다리느냐?"고 물었더니, "24년을 기다렸는데 오늘 하루를 못 기다리겠느냐"고 답하더라고요. (이 대목에서 당시의 감동이 되살아났는지 손 의원의 눈시울이 붉어졌다.)

어떤 할아버지는 늦게까지 기다리다가 "내가 마지막 투표자냐?"고 묻더니 "주민들 투표하는 것을 즐겁게 지켜보다가 마지막으로 하고 싶다."고 하더군요.

•• 타임머신을 타고 1999년의 동티모르에서 2004년의 대한민국으로 돌아오겠습니다. 손 의원은 지난 3월 18일 시민 사회를 떠나 정치권으로 활동 무대를 옮기셨습니다. 그런데 사실은 10년 전부터 정치권으로부터 끊임없이 러브 콜을 받은 것으로 알려져 있는데, 그 당시 거부하신 이유는 뭡니까?

∞ 당시 영국에서 연구를 하고 있었는데, 김영삼 정부와 김대중 정부로부터 여러 번 정치권에 들어와 달라는 요청을 받았어요. 그러나 당시에는 제가 천성이 너무 정직해서 정치는 저하고 어울리지 않는다고 생각했어요.

•• 그런데 이번에는 수락한 특별한 이유라도 있나요?

∘∘ 16대 국회가 부패의 꼭지점이어서 깨끗한 정치 공간이 생길 수 있지 않을까 생각했어요. 그리고 제가 했던 여성 운동이 추구했던 것이 사실 여성의 정치 참여였고요. 그것이 하나의 시대적 흐름이기도 했다고 봐요.

더욱이 이번에는 여성들이 한꺼번에 들어갈 수 있는 기회가 될 수 있을 거라고 생각했어요. 다른 또 하나의 이유가 있다면 시민 사회의 변화입니다. 저는 시민 사회의 존경할 만한 원로로 남으려고 했습니다.

하지만 젊은 시민운동가들이 아래서 치고 올라오면서, 더 이상 원로를 필요로 하지 않았어요. 그냥 하나의 기득권을 가진 존재로 인식하더라고요. 그런 상황에서 정치 참여는 필연적이라는 생각이 들었지요.

"회의 시간 지키기, 막말 안하기부터 실천할 터"

•• 17대 국회에서 '이것만은 꼭 이루고 싶다' 뭐 그런 포부나 비전이 있습니까?

∘∘ 우선 제 자존심을 걸고 의정 활동을 모범적으로 하겠다는 것을 약속드리겠습니다. 마침 제가 국회 개혁특위 위원을 겸임하고 있어서 국회법 전반에 관한 개정 운동을 할 생각입니다. 우리 국회 안에는 관행이라는 이름으로 사라지지 않은 불합리한 것들이 아직도 너무 많거든요.

하나의 사례만 들게요. 여성위가 열렸을 때 제가 "물을 좀 줬으면 좋겠다"고 하니까 "음식물 반입은 안 된다"면서 거절하더라고요. 아마도 의원들이

국회 본회의장에서 '시간 엄수'를 환기하는 팻말을 들고 서 있는 손봉숙 의원

몸싸움을 하다가 컵을 흉기로 사용한 적이 있어서 그런 규칙이 생겼는지 모르겠지만, 빈대를 잡자고 초가삼간을 태울 수는 없는 것 아닌가요?

•• 과거 권위주의 시대의 관행이 여전히 고쳐지지 않다 보니 현실성이 떨어지는 경우가 자주 있겠군요.

∘∘ 그렇습니다. 그래서 저는 처음에 말한 것처럼, 예측 가능한 의사 일정이 진행될 수 있도록 기여하고 싶어요.

예컨대 국감을 하면서 질의를 밤새 준비했는데, 질문과 답변 시간을 합쳐서 20분, 심할 경우에는 5분 정도밖에 배정 받지 못하는 경우도 있습니다. 차라리 국감은 상반기와 하반기에 두 번 하는 게 적당할 것 같아요.

•• 초선연대모임에 주도적으로 참여하시고 있는 걸로 알고 있습니다. 어떤 활동을 계획하고 있나요?

∘∘ 국민과 했던 약속을 지키고 열심히 의정 활동을 하려면 국회 내에서 사소한 것들부터 실천할 필요가 있습니다. 회의 시간 지키기, 막말 안하기 등 실천 가능한 것부터 선언할 수도 있을 겁니다. 대정부 질의나 국정 감사 방식도 바꿔야겠죠.

•• 국감 얘기가 나와서 질문 드립니다. 상임위원회가 문광위와 여성위인데, 국감 평가에서 좋은 성적을 받으신 비결은 무엇이라고 보십니까?

∘∘ 사실 국감에 총력 경주를 했습니다. 문광위에 대한 첫 국감이라 우선 잘못된 관행부터 고쳐 보자는 생각으로 관련법을 정밀하게 검토했습니다. 가장 히트를 친 것이 방송사의 불법적인 '시보 광고' 문제였지요.

결국 TV 3사가 앞으로 5년 동안 시보 광고 매출액을 방송발전기금으로 사용하도록 유도할 수 있었습니다. 카지노 사업 신규 허가 문제도 언론의 주목을 받았고요.

•• 국감이 끝나자마자 보고서를 냈는데, 제목을 '희망보고서'라고 하셨는데……

∘∘ 21세기는 문화의 세기입니다. 따라서 한류 문화 콘텐츠를 제대로 마련

하는 것과 문화 행정을 투명하게 하는 것이 중요합니다. 따라서 잘못된 관행을 고쳐 나가야 하고, 그 대안을 만들어야 합니다. 그래서 '희망보고서'라고 했던 겁니다.

•• 국감을 보도하는 언론의 태도는 어떻게 평가하십니까?

∘∘ 언론이 입으로는 '정쟁 국감'을 하지 말고 '정책 국감'을 하라고 해놓고, 실제로 자신들이 먼저 '정쟁 보도'를 하고 '정책 보도'는 안 합니다. 언론이 바뀌어야 정치도 제대로 바뀔 수 있을 겁니다.

•• NGO 출신 의원으로서 시민 단체와 어떻게 정책 공조를 하고 있습니까?

∘∘ 함께하는시민행동과 국회 개혁 공청회를 세 번 열었습니다. 그리고 카지노 신규 사업 허가 문제, 장애인 이동권 보장 문제 등 여러 현안들과 관련해 시민 단체와 공조하고 있습니다. 앞으로도 지속적인 공조를 통해 시너지 효과를 일으킬 수 있도록 할 생각입니다.

•• 누리꾼들이 쓴 글에 대해 일일이 직접 '댓글'을 다는 것으로 유명한데, 너무 시간을 뺏기는 것은 아닐까요?

∘∘ 보좌관이 아무리 잘하더라도 제 맘과 같을 수는 없잖아요? 그리고 인터넷 정치는 시대적 흐름이고 요구입니다. 물론 익명성에 기대서 욕설을 퍼붓는 등의 문제점은 심각합니다.

그러나 그것은 자정 노력을 통해 극복해야 한다고 봅니다. 실제로 저는 제

홈페이지에 '봉숙이 나쁘다'는 글이 올라와도 정중하게 답변을 답니다.

　•• 다른 의원실과 달리 한 벽면이 책꽂이로 돼 있네요. 최근 재미있게 읽은 책이 있습니까?

　∘∘ 책을 많이 읽는 편입니다. 그중에서도 소설을 엄청 좋아합니다. 최근 읽은 소설로는 김영하의 『오빠가 돌아왔다』, 신윤경의 『달의 제단』, 권지예의 『꽃게 무덤』 등이 있습니다. 제 침대에는 항상 소설책이 놓여 있습니다. 소설은 우리 사회의 내면을 읽을 수 있는 좋은 교과서라고 생각해요.

　손봉숙 의원과 관련된 기사에서 앞으로는 '외로움과 울분'보다 '연대와 출범'의 단어가 더 자주 등장하기를 기대해 본다.•

• 정지환 기자가 2004년 12월 8일 12:00~14:00 의원회관 844호 손봉숙 의원실에서 인터뷰를 진행했고, 저자가 정리했다. 『시민의신문』, 2004년 12월 14일.

세상 밖 법학자 이은영,
세상 속 입법자 되다

이은영 열린우리당 의원을 만나러 가기 전에 우리는 한 장의 사진을 몇 번이고 쳐다보았다. 「여의도통신」 김진석 기자가 2004년 12월 31일 국회 본회의장에서 촬영한 이 사진 속에서, 한 중년 여성이 텅빈 의석 한가운데 홀로 앉아 책을 읽고 있었다. 이 '책 읽는 여자' 주인공은 다름 아닌 이은영 의원이었다.

인문학적 향기가 넘치는 정치를 위하여

당시 한나라당 의원들은 국가보안법 폐지안 등의 상정을 막기 위해 의장석을 점거하고 있었고, 열린우리당 의원들은 의석에 앉은 채 "합의서를 이행하라"고 외치고 있었다. 그러나 이 기묘한 대치 상황은 오래 가지 못했다. 한나라당의 의장석 '점거 농성'이 장기화되면서 대치 상태가 소강 국면으로 접어들자 지루해진 여당 의원들이 하나둘 자리에서 일어난 것이다. 이은영 의원이 한 권의 책을 꺼내서 읽기 시작한 것은 바로 그때였다. 그로부터 나흘이 지났고, 우리는 제일 먼저 이 책에 대한 궁금증부터 풀어 보고 싶었다.

국회 본회의장
텅빈 의석
한가운데
홀로 앉아
책을 읽고 있는
이은영 의원

로빈슨 크루소와 국보법

•• 그날 책을 읽으셨는데, 제목이 어떻게 됩니까?

∘∘ 프랑스 현대 문학의 거장 미셸 투르니에의 처녀작『방드르디, 태평양
의 끝』이었어요. '방드르디'는 '금요일'이라는 뜻의 프랑스어인데, 영어로
하면 '프라이데이'가 되겠죠?

•• 어떤 작품인지 간단하게 소개해줄 수 있을까요?

∘∘ 대니얼 디포의『로빈슨 크루소』라는 작품 잘 알죠? 바로 그것을 완전
히 뒤집어서 다시 쓴 소설입니다. 여기서 방드르디는 로빈슨 크루소가 섬에
서 만난 원주민 소년에게 아무렇게나 붙여 준 이름이었지요. 그런데 투르니

에는 『로빈슨 크루소』를 읽으면서 큰 충격을 받았다고 해요.

•• 어떤 점 때문에 충격을 받았을까요?
∘∘ 투르니에는 이렇게 고백했어요. "디포의 『로빈슨 크루소』에는 두 가지 문제점이 있다. 우선 그 소설에는 방드르디가 있으나 마나 한 존재로 취급되고 있다. 그는 단순히 빈 그릇일 뿐이다. 진리는 오로지 로빈슨의 입에서만 나온다. 그가 백인이고 서양인이고 영국인이고 기독교인이기 때문이다. 디포의 소설에서 발견되는 두 번째 문제점은 모든 것이 회고적인 시각에서 처리되어 있다는 점이다. 섬에 혼자 던져진 로빈슨이 골똘하게 생각하는 것은 오직 한 가지뿐이다. 그는 당장 구할 수 있는 것들만을 가지고 과거의 영국을 재현하고자 한다. 즉 그는 난파한 배의 표류물을 주워 모아 섬 안에 작은 영국 식민지를 또 하나 만들어 놓으려고 했다."

•• 그렇다면 투르니에는 자신의 작품에서 방드르디를 중심에 놓고 이야기를 전개했겠군요?
∘∘ 맞습니다. 방드르디를 전면에 내세움으로써 백인 중심의 세계관과 영국적 가치관의 승리를 내세운 디포의 작품을 보기 좋게 전복시켜 버린 거죠. 실제로 이 작품에서 로빈슨 크루

소는 방드르디에게 감화되어 문명의 허위의식과 뿌리 깊은 관습을 벗어 버리고 진정한 자유를 만끽하게 되지요.

•• 결국 이 의원께서는 『방드르디, 태평양의 끝』에서 국보법의 자화상과 미래상을 읽어 내신 거군요?

∘∘ 국보법은 결국 '소통'의 문제인 것 같아요. 소설을 읽으며 국보법을 생각하다 보니, 독일 유학 시절도 문득 떠오르더군요. 그때 한국인 유학생들은 약소국 국민으로서 먹기 싫은 독일 음식도 억지로 먹어야 했고, 백인들의 흰 피부에 대해 열등감까지 가졌지요. 그런데 당시에 더욱 무서웠던 것은 백인들이 다른 나라 문화에 전혀 동화할 줄 모른다는 사실이었어요. 물론 지금이야 유럽도 '백인 우월주의'에서 벗어나 '다민족주의'로 옮겨가고 있지요.

이렇게 세계는 이데올로기 대립 구도를 넘어서고 있는데, 우리나라는 여전히 국보법 폐지 논란으로 과거의 유물 속에 발목이 잡혀 있다는 생각을 하니까 슬프기도 하고 화도 나더군요.

•• 그런 차원에서 보면, 국보법 논란이야말로 우리 상상력의 영역을 삼팔선 이남으로 제한하는 '프로크루스테스의 침대'임이 분명하다는 생각이 듭니다.

∘∘ 부산을 시발점으로 한 TMR(만주횡단철도)과 TSR(시베리아횡단철도)이 거침없이 유럽까지 달려가려면 하루빨리 남북 문제가 풀려야 합니다. 국보법 폐지 논란도 이런 민족의 비전을 현실화하는 일과 무관하지 않다고 봅니다.

•• 그러고 보니까 국보법 폐지에 가장 먼저 나서야 할 분들은 사실 부산 시민이라는 생각도 드네요.(웃음) 그런데 국보법 연내 폐지를 위해서 단식 농성까지 했던 분들에게 유감 표명이라도 하셔야 하지 않을까요?

∘∘ 제 입장은 분명하게 국보법 폐지입니다. 그러나 정치는 혼자 하는 것이 아니기 때문에 타협과 절충이 필요하다는 것도 이해해 주셨으면 합니다. 그래서 법학자 출신 정치인로서 국보법 폐지론자와 개정론자 양쪽 모두를 만나고 '형법 보완'이라는 제3의 대안을 처음으로 만들어서 제안했던 겁니다.

•• 결국 국보법이 2월 임시국회로 넘어갔는데, 어떻게 처리될 것으로 전망합니까?

∘∘ 저는 시간과 결과는 반비례한다고 생각합니다. 저희가 조급하게 처리하려고 하면 할수록 협상에서 잃는 부분이 많을 것이고, 원칙을 분명히 천명하되 느긋하게 마음먹고 있으면 도리어 얻는 게 많을 거라고 봅니다.

이단으로 몰리기도 했지만

•• 국보법 이야기는 이 정도에서 정리하기로 하고, 화제를 바꾸겠습니다. 여의도통신 모니터 대상 의원으로 선정된 소감을 말씀해 주시겠습니까?

∘∘ 영광이죠. 실제로 당내에서나 법사위에서 항상 저를 시민 사회 운동 입장을 대변하는 사람으로 봐요. 시민운동 영역에서 주장하던 내용들을 국회 안에서 법과 제도로 만드는 일이 제게 주어진 역할이라고 생각합니다.

•• 이 의원의 인생 내력이 궁금합니다. 경기여고 시절에 문학소녀였던 것
으로 알려져 있는데, 현재의 이 의원에게 '문학소녀'라는 아우라가 어떤 영
향을 주고 있다고 보십니까?

∘∘ 국회에 들어와 보니 정치와 문학이 통하는 것 같아요. 문학이라는 것도
결국은 사람을 관찰하고 이해하는 것이라는 점에서 그렇죠. 실제로 1975년
독일 유학 시절에 외로움을 달래려고 글을 썼던 적이 있는데, 30년 후에 국
회의원이 돼서 홈페이지에 다시 글을 쓰고 있다는 것이 참 신기해요.

•• 문학소녀가 됐던 특별한 계기가 있었나요?.

∘∘ 사람늘이 세가 서울법대를 나았기 때문에 어릴 때부터 큰 주목을 받았
다고 생각하는데, 오빠 둘이 미리 서울법대를 다녀서 실제로 저는 집에서 별
로 주목을 받지 못하고 컸어요. 그래서 책만 읽고 지냈던 것 같아요. 성격도
매우 내성적이어서 주로 책을 통해 세계 여행도 하고, 세계 위인도 만나고,
소설 속 주인공도 만나고 말이죠.

•• 이야기를 듣다 보니 '법학과 문학의 대화'를 시도한 안경환 교수가 떠
오르는군요. 인문학적 접근을 통해 법은 딱딱한 것이라는 사회적 편견을 깨
트린 것으로 유명한 분이지요?

∘∘ 안 교수의 시도는 법학의 변화를 상징하고 있다고 봐요. 종래의 법학은
'눈을 가린 정의의 여신'이었던 셈입니다. 즉 '논리는 시대와 장소를 초월해
서 불변한다'는 도그마가 법학을 지배했던 거지요. 하지만 이제는 법도 시대

와 장소에 따라 달라지는 것이고, 법률가들은 국민들의 마음속에 있는 정의감을 찾아내 법을 만들어야 한다는 발상의 전환이 필요합니다.

마치 문학이 우리 감정 속에 숨어 있는 언어를 찾아내듯이 법학도 사람들 마음속에 숨어 있는 정의의 언어를 찾아내야 하지요. 사실 제가 이런 주장을 처음 했을 때는 이단으로 몰리기도 했어요. 하지만 제 학설과 이론을 외면하던 대법원 판사들이 이제는 판결에서 그것을 인용하고 있지요.

•• 그럴 때 법학자로서 큰 보람을 느끼겠군요?

∘∘ 물론입니다.

•• 판결에 반영된 법안이나 이론이 있다면 소개해 주시겠습니까?

∘∘ 1984년에 불공정 약관 무효 이론을 담은 책 『약관규제론』을 썼어요. 보험 회사나 은행에서 약관을 불공정하게 만든 것도 모자라 고객한테 보여 주지 않는 것이 오래된 관행이었는데, 그것을 규제해야 한다는 것이 주 내용이었죠. 이후 1987년 경제기획원 관료들과 함께 '약관규제법'을 만들었어요. 이 법은 제가 소비자 운동을 하면서 만든 법이었죠.

유학을 끝내고 한국에 돌아와서 여성 운동과 노동 운동에 참여하게 됐는데, YH사건의 주인공인 최순영 의원도 그때 알게 됐죠. 여성 노동자는 남성 노동자보다 이중적 고통을 당하고 있었는데, 그 문제를 어떻게 해결할까 고민하다가 제 전공 지식을 동원해서 만든 것이 '남녀고용평등법'이었어요. 처음에는 '사용자가 자기 마음대로 고용도 못하느냐'는 비판도 받았지만 나중에는 모두 받아들여졌지요. 참여연대 맑은사회만들기본부장을 하면서 만들었던 '부패방지기본법'도 기억에 남습니다.

입법은 창조적인 작업

•• 법이란 이미 만들어진 도그마를 지키는 것만이 전부가 아니라 감수성과 상상력을 동원해서 새로운 시대 정신을 반영해야 한다는 말씀이군요?

∘∘ 맞습니다. 법을 만드는 것은 정말이지 창조적인 작업이에요. 하지만 법은 혼자서 만들 수 있는 것도 아니지요. 학자, 시민운동가, 정부 관료, 국회의원 등이 모두 공감대가 형성될 때 만들어질 수 있는 것입니다. 그러나 한 사람의 참신한 아이디어가 새로운 법 창조의 씨앗이 된다는 것만은 분명한 사실이지요.

•• 법학을 하면서 그런 창조적인 아이디어를 내놓을 수 있었던 배경에는 문학소녀라는 전력이 큰 작용을 했다는 것을 무시할 수 없겠지요?

∘∘ 저는 잔다르크처럼 깃발을 높이 들고 앞장서는 유형이 아닙니다. 뒤에서 차분하게 사람들을 설득하는 스타일에 가깝다고 할 수 있지요.

•• 사람을 설득할 때 제일 중요한 것은 무엇일까요?

∘∘ 인간에 대한 이해라고 생각해요. 그런 점에서 상대방의 머리와 가슴을 모두 공략해야 한다고 생각해요.

•• '차가운 머리'와 '뜨거운 가슴'이 중요하다는 말씀이지요?

∞ 물론이지요. 아무튼 저는 '뜨거운 가슴'의 많은 부분을 문학에서 얻은 것 같아요.

•• 서울대 법대 재학 시절에 한 학년이 160명이었는데, 그중에서 홍일점이었다면서요?

∞ 사람들이 제 성격에 대해 '외유내강'이라고 평하는데, 아마도 대학에서 홍일점으로 서러움(?)을 많이 받으면서 단련된 덕분인 것 같아요. 당시에는 법대에 여자 화장실이 따로 없었을 정도였으니까요. 그때는 사법 시험 준비소나 다름없었던 법대에서 살아남는 게 목표였고, 다행히 살아남을 수 있었지요. 법학이 제 감성을 만족시켜 주지 못해서 미술 학원도 다녔고, 여학생 등산반 활동도 했어요.

•• 졸업생 시절에는 사법 시험에 도전할 것인지 공부를 계속해서 교수가 될 것인지 고민이 많으셨을 것 같은데, 당시 법대의 어느 교수가 "여자는 교수가 되기 어렵다"고 했던 말에 오히려 오기가 발동해서 공부에 정진하게 됐다면서요?

∞ 저는 지금도 갈림길에 서게 되면 소신에 맞는 일을 선택하는 편입니다. 모두가 미래를 볼 수 없다면 일단 가고 싶은 길을 가는 것이 나중에 실패하더라도 후회하지는 않을 것이라고 생각했지요.

그런 차원에서 교수가 되고 싶었어요. 사법 시험 준비를 하다 보니까 그

세계가 너무 좁다고 느껴졌어요. 마침 동네 근처에 독일문화원이 있어서 자주 출입한 것이 인연이 되어 독일 유학까지 다녀왔지요.

•• 이 의원께서는 새로운 것과 낯선 것에 대한 지적 호기심이 매우 강했던 것 같습니다. 그래서 25세 최연소 박사 기록도 세울 수 있었던 것 아닐까요?
∘∘ 서울대 석사 마치고 독일 유학 가서 2년 만에 박사를 땄어요. 학위 따는 일에 집중하다 보니 가능한 일이었지요. 그런데 한국에 돌아오니 모두들 '미인계'를 쓴 것 아니냐고 하더라고요.(웃음)

•• 박사 학위를 따왔지만 처음에는 모교에서 교수직을 거절당했다고요?
∘∘ 당시 제 나이가 너무 어렸고, 처음에는 법대에서 조교로 오라고 했어요. 그런데 교수회의에서 "여자는 법대 교수가 될 수 없다. 법대 학생 중에 여학생이 없는데 감히 어떻게 여자가 남자를 가르치느냐" 뭐 그런 얘기가 나왔대요. 당시 독일에선 상상할 수 없는 일이었지만, 한국에선 너무나 당당하게 드러내 놓고 남녀 차별적 발언을 했던 것이지요.

직업으로서의 정치

•• 남편이 진보적 학자인 박진도 교수인데, 어떻게 만나게 되셨나요?
∘∘ 크리스찬아카데미 등에서 공부를 하다가 만났어요. 크리스찬아카데미 사건으로 조사를 받으면서 서로 더 친해졌고요. 그러다가 1979년 10·26사태

로 박정희 전 대통령이 사망했다는 소식을 듣고 기뻐하면서 서로 손을 잡게
된 게 결정적인 계기가 됐지요.

•• 참여연대에서도 같이 활동하셨죠?
∞ 박 교수는 참여사회연구소에서 일했고, 저는 맑은사회만들기본부에서
일했어요.

•• 참여연대, 여성단체연합, 소비자시민모임 중 어떤 단체에서 가장 자신
의 아이덴티티를 느끼십니까?
∞ 인간적 측면에서는 여성 단체에 제일 공감이 가요. 여성으로서의 자아
정체성 문제는 앞으로도 저에게 해결해야 할 과제이기도 하고요. 그래서 의
원이 돼서 호주제 폐지나 성매매방지법 관련 사항도 같이 했어요. 제 전공이
민법이니까 그동안 학자로서 소비자시민모임에서도 역할을 했지요.
제 사회의식과 가장 잘 맞아떨어졌던 곳은 역시 참여연대 부패추방운동
이지요. 제게 잠재돼 있던 흥미와 능력을 유발하고 그것을 발휘할 수 있는
계기를 마련해 주었다고 봅니다.

•• 의정 활동을 시작한 지 7개월이 지났는데, 국회 밖과 안의 가장 큰 차이
는 무엇이라고 보십니까?
∞ 처음 3개월은 정치인의 생활이나 문화에 적응하는 데 보냈던 것 같습니
다. 막스 베버의 저서 『직업으로서의 정치』에 보면, 정치인의 두 가지 유형이

나옵니다. 권력 그 자체를 목적으로 즐기는 정치인과 정치를 이용해서 다른
이득을 얻으려는 정치인이 바로 그것인데, 전자가 되려고 노력하고 있어요.

　아직은 잘 모르겠지만, 사실 법사위원회 활동을 하면서 나한테 힘이 있다
는 것을 새삼 깨달았어요. 학자의 신분을 가지고 아무리 주장해도 현실화되
지 않던 이론들을 이제는 현실화시킬 수 있는 힘을 제가 가지고 있더라고요.
책 속에서 옳다고 생각했던 이론들이 현실화되니까 기쁘면서도 한편 무섭
더라고요.

　•• 첫 정기국회까지 끝냈는데, 법사위 소속 의원으로서 국보법 처리 연기
때문에 허탈감도 크셨을 것 같습니다.

　∘∘ 지난 7개월 동안의 생활이 옳았는가에 대한 생각을 많이 했습니다. 처
음 비례대표로 당선됐을 때 정동영 당의장과 함께 유세를 다녔는데, 얼마 후
에 정 의장이 이른바 노인 발언으로 사퇴했어요. 이후에는 신기남 의장 체제
에서 사법 개혁과 부패 추방 정책을 세웠고, 이부영 당의장 때는 특별보좌관
을 하면서 사이드에서 정책 보좌를 해 드렸습니다. 원내에서 천정배 대표를
가까이서 모시면서 국보법 폐지 전략도 함께 짰고요.

　그런데 무엇보다도 개인적으로 마음이 아팠던 것은 새해 아침이 되고 나
니까 가까이서 모셨던 리더들이 7개월이라는 짧은 기간 동안 참 많이도 명
멸했다는 사실을 확인했기 때문입니다. 결국 정치판이라는 곳이 그렇게 7~8
개월 만에 별들이 명멸하고 사멸하는 공간이구나 하는 생각도 들더라고요.

•• 17대 국회의원으로서 '이것만은 꼭 하고 싶다'는 것이 있나요.?

∘∘ 제 성격이 좀 복합적이고 다양해서 단선적이면서 명쾌한 구호를 거창하게 내세우는 스타일이 아닙니다. 그냥 그동안 하던 일을 힘을 내서 더 열심히 하겠다는 것밖에 말씀드릴 것이 없습니다. 이렇게 말하면 국민 앞에 매력이 없으려나……(웃음)

배심제 수용은 획기적

•• 이 의원이 제1분과 위원장으로 참여했던 사법개혁위원회가 1년 2개월에 걸친 활동을 마감했는데, 간단한 평가를 해주실 수 있을까요?

∘∘ 사법개혁위원회 초창기에 위원으로 위촉돼 활동을 하다가 지난 5월 말에 국회의원직을 수행하면서 사표를 냈어요. 그냥 계속 활동할 수도 있는 것 아니냐며 만류하는 분도 있었지만, 저는 국회 몫이 아닌 교수 몫으로 임명된 것이라고 생각했어요. 그래서 6개월 동안 공식적으로 활동한 후 그만뒀습니다. 제1분과 위원장을 하면서 로스쿨 제도 도입, 법조 일원화, 대법원의 정책 기능화 등을 입안했습니다. 초창기에는 법조계의 거부감이 컸는데, 여러 직종의 사람들과 논의해서 결국 무난히 지난 12월 통과됐어요. 특히 시민의 사법 참여 제도인 배심제는 획기적인 것입니다.

•• 74억의 재산 신고를 했습니다. 부에 대한 우리 사회의 특별한 시선이 있는데, 총선 때 자칫하면 문제가 될 뻔했습니다.

∘ 재산 문제가 나오면 솔직히 부끄러워요. 그런데 "그런 재산을 가지고 왜 너는 부자의 이익을 대변하지 않고 약자의 보호를 부르짖느냐, 그것은 결국 위선이고 이율배반이 아니냐" 질문하는 사람이 간혹 있더군요.

하지만 재산이 있는 사람도 약자의 입장에 설 수 있어요. 그리고 저와 우리 남편이 25년 이상씩 교수 생활을 해서 특별한 이권과 관계되는 것이 없기 때문에 재산 형성 과정은 큰 문제될 소지가 없습니다.

가평이나 수원에 있는 부동산 때문에 땅투기 의혹도 받았는데, 제가 아버지로부터 상속받은 부동산과 우리 남편이 상속받은 부동산입니다.

•• 나중에 이루고 싶은 꿈이 있습니까?

∘ 제가 최근 일본에 다녀왔는데, 거기에서 『마쓰시다 정경숙』이라는 책을 선물 받았습니다. 일본에서 유능한 정치인을 키우는 전문 학교로 널리 알려져 있는데, 나중에 정치인을 키우는 학교를 만들어서 철학이 있는 정치인을 배출하는 일에 조금이나마 힘을 보태고 싶습니다.•

• 정지환 기자가 2005년 1월 4일 11:00-13:50 의원회관 229호 이은영 의원실에서 인터뷰를 진행했고, 저자가 정리했다. 『시민의신문』, 2005년 1월 13일.

여성 정치인,

뒷담화는 재밌다. 특히 사실 관계를 정확히 확인할 수 없는 얘기, 혹은 드러내 놓고 할 수 없는 비난조에 가까운 얘기들을 맘대로 할 수 있기 때문이다. 그러나 나는 여성 정치인에 대한 뒷담화를 할 때 지키는 중요한 원칙이 하나 있다. '여성 정치인이 행복한가?'를 묻는 버릇이다.

사랑을 받아본 사람이 사랑을 줄 수 있다. 사랑을 받아 보지 못한 사람은 사랑을 받을 때 두려워하며, 오히려 자신이 받는 사랑을 의심하며 타인에게 사랑을 주는 것에도 인색하다. 행복도 마찬가지다. 행복을 경험했고, 현재에도 행복한 정치인만이 국민들에게 그 행복을 전해 줄 수 있다는 게 내 생각이다. 따라서 이제부터 여성 정치인들에 대한 뒷담화 역시, '그들이 정치를 하면서 얼마나 행복할까?'의 관점으로 수다를 떨어 볼 생각이다.

우리나라 여성 대통령 후보로 거론되는 박근혜 한나라당 대표와 한명숙 열린우리당 의원은 만약 대통령이 되면 행복할까? 아니 대통령 이전에, 여성 정치인이 아닌 '개인', 혹은 '자연인'으로서 그들은 얼마나 행복하게 살았을까?

미국 여성 대통령 후보감으로 유력한 힐러리 민주당 의원과 라이스 국무장관은 어떤 행복을 추구하는 것일까? 힐러리는 여성 대통령을 꿈꾸면서 온갖 성 추문으로 속을 썩였던 남편 클린턴으로부터의 정치적 독립을 꿈꾸지 않을까? 라이스는 대통령이 되길 바라면서 혹시 흑인으로서 받았던 인종 차별의 해방을 꿈꾸는 것은 아닐까? 이들 중 어떤 여성이 대통령이 되는 것이 전 세계 사람들에게 더 많은 행복을 전해 줄까?

　세계가 주목하고 있는 독일 여성 정치인 메르켈 총리와 뤼어만 의원. 메르켈 총리를 콜 전 총리의 정치적 양녀라고 비아냥대는 이들이 많았지만, 실제로 그녀는 콜의 정치적 지원을 받으며 정치인으로서 급성장한다. 이후 콜의 비자금 스캔들이 터지자 바로 콜과 결별을 선언하고, 정치인으로서 홀로 서기를 감행한다. 세계 최연소 국회의원인 뤼어만은 2005년 12월 한국을 방문해서 "정치는 사회 변화를 가능케 하는 통로다. 정치의 장점은 타인을 위한 삶을 살 수 있게 하고 많은 사람을 만날 수 있는 경험을 준다는 것이다."며 정치의 매력을 전해 준다.

　여기에 등장하는 여섯 여성 정치인의 공통점은 모두 여성 차별을 경험했다는 것이다. 그렇지만 이들이 정치인이 된 후, 여성 운동과의 거리, 여성 정책과 입법 내용에서 소속 정당별로 그 차이를 드러낸다. 진보적인 정당일수록 여성 운동과 거리가 가깝고, 친여성 정책과 입법을 마련한다. 또 이들은 여성으로서 독립성과 정체성 형성에 '어머니'의 영향이 컸고, 남편이나 아버지, 정치적 지원자 등 '남성'의 정치적 영향도 받았다는 공통점이 있다. 하지만 '남성'에게 받은 정치적 영향에서 벗어나 홀로 서기를 시도하느냐 여부는 사람마다 차이를 드러낸다.

　여기서 언급한 여성들 중 한 명이라도 혹시 운 좋게 대통령 선거에 출마한 것을 본다면, 나는 여성으로서 운 좋은 세대를 살았다고 생각할 것이다. 아니 행복한 여성 정치 시대를 경험했다고 얘기할 것 같다.

한국 여성 대통령감 1순위
박근혜 vs 한명숙

우리나라 여성 대통령감 1순위로 거론되는 정치인에는 박근혜 한나라당 대표가 있다. 한 주역가는 이름에 해와 달이 들어간 여성이 대통령이 될 것이라고 예언한 바 있다. 그 예언대로라면, 한명숙 열린우리당 의원이 유력한 여성 대통령 후보감이다. 나는 한국 여성 대통령 후보 1순위인 박근혜 대표와 한명숙 의원에 대해 생각해 봤다.

박근혜 대표는 행복할까

박 대표가 오래전 어느 잡지에서 한 말이다. "개인적인 행복이 없다고 행복하지 않은 것은 아니라고 생각해요. 조국이 아름다워지고 든든한 반석 위에 서는 것을 보는 게 가장 큰 행복일 겁니다. 조국이 편치 않으면 자신도 편치 않은 거잖아요." 박 대표는 조국의 행복을 바로 개인의 행복으로 등치시키는 행복관을 그대로 드러냈다.

박 대표를 떠올릴 때마다, 실타래가 얽혀 있는 듯하다. 어렸을 때부터 '비가 오게 해 달라'며 아버지와 나라 걱정을 했다던 박 대표. 자신과 나라를 동일시하며 훈련받은 여성 지도자. 그리고 지난 2004년 총선에서 노무현 대통령 탄핵 역풍으로 망가질 뻔했던 한나라당을 구한 여성 지도자. 박 대표의 정치력과 카리스마, 절제력 등은 내가 참 부러워하는 덕목이다.

마침내 혹시나 하며 걱정하던 소식이 내게 들려온다. 박근혜 한나라당 대표의 최측근인 김무성 전 한나라당 사무총장은 2006년 1월 23일 인터넷신문 「오마이뉴스」와 한 인터뷰에서 "한나라당이 '이명박 대세론'으로 가고 있다."며 당내 분위기를 전했다. 그는 "우리나라 정당사에 당대표가 계보 정치에 밀린 것은 처음 있는 일"이라며 "당내에서 박 대표의 세가 불리해졌다는 현실을 인정해야 한다."고 말했다.

나는 박 대표가 한나라당의 지지율이 바닥으로 곤두박질할 때, 한나라당의 지지율 상승을 위해서 기껏 '남 좋은 일' 시키고, 정자 자신은 당내 대권

왼쪽부터 박근혜, 한명숙

후보자에서 밀려날 것 같은 불길한 운명이 박 대표에게 드리워져 있는 것 같아 불안하다. 그렇다고 내가 박 대표가 여성 대통령 후보로 나오면 찍겠다는 건 아니다. 다만 박 대표가 수고하고 노력한 만큼 당내에서 정치 결과물을 거둬야 한다는 생각이다. 정가 어디에서는 박 대표는 여성 총리나 여성 부통령감 정도의 운명이지, 여성 대통령까지는 안 될 운명이라는 얘기도 나온다.

박근혜 대표의 활동은 한나라당의 정치적 이념에 충실하다. 열린우리당이 그동안 폐쇄적이었던 사립학교 이사회를 개방형 공익이사를 새로 두는 쪽으로 사립학교법을 개정하자, 한나라당은 학교 자율권 침해라며 거품을 물며 반대하고 있다. 조세 정책에 대해 '감세'를 주장한다. 이에 대해 열린우리당이나 민주노동당은 '부자들에게 세금을 덜 걷자는 것'이라며 한나라당과 맞서고 있다.

나는 사실 박근혜 대표에 대한 '측은지심'을 마음속 깊은 곳에 놓아 두고 있다. 나는 동료 남자 기자와 언젠가 박 대표를 향한 측은지심을 두고 언쟁을 한 적이 있다.

나 박근혜 대표가 행복할까요?

동료 남기자 당연하지. 여자로서 권력도 많고, 돈도 많고, 부족한 게 뭐가 있겠어요?

나 어린 나이에 어머니와 아버지와 비극적인 이별을 해야 했고, 현재 가족 중에 의지할 사람도 없고, 보통 여성들이 누리는 평범한 행복은 박 대표에게 없잖아. 나는 왠지 박 대표가 외로워 보여요.

 남들은 춥고, 배고프고…… 하루하루 먹고 살기 위해 생존 전쟁을 치르는데, 박 대표는 적어도 그런 것은 없잖아요. 등 따습고, 배부르고, 언제나 최고 자리에 있었는데, 뭐가 외로워? 외로울 틈이나 있었겠어요? 그리고 그렇게 많이 가진 여자에 대해 외로울 거라며 측은지심을 보낸다면, 도대체 이 세상에 박 대표에 비해 갖지 못한 수많은 사람들에겐 어떤 감정을 가져야 하죠?

나 행복이란 많은 권력을 가졌다고, 많은 부를 가졌다고 자연스럽게 뒤따라 오는 게 아니잖아. 나는 그래도 박 대표가 외로울 것 같아. 게다가 박 대표는 자신이 가진 권력 때문에 주변 사람들과 진정한 신뢰를 주고받는 사람이 얼마나 되겠어요?

박 대표에 대한 여성계 지지 논란에 대해 박 대표를 찬성하는 쪽이든 반대하는 쪽이든 박 대표에게 '아버지의 후광'을 등에 업은 정치인이라며 아버지를 넘어설 것을 주문했다.

그러나 그런 주문에 대해 이렇게 말하고 싶다. 박 대표에게 아버지를 증오하고 넘어설 것을 요구하지 말고, 그냥 박 대표를 있는 그대로 봐주자고. 여성 대통령 1순위로 거론되는 정도까지만 바라자고. 자신의 가족, 개인사, 역사를 뛰어넘을 수 있는 사람이 과연 얼마나 될까? 박 대표에게 자신의 뿌리와 근원을 부정하라는 요구는 너무 가혹한 것 아닌가?

아마도 박 대표 역시 아버지라는 절대적인 존재와 자신의 정체성을 부정하면서까지 대통령이 되길 바라지는 않을 것이다. 이 시대가 요구하는 대통령상이 박정희 식 개발 독재나 성장 지상주의가 아니라면, 박 대표에게는 그 이상의 기대를 하지 않으면 되는 것 아닐까?

한명숙 의원의 행복 지수

한명숙 열린우리당 의원은 박 대표와 비슷한 점이 한 가지가 있다. 우아하며 부드럽고 여성스러운 외모와 말투, 그리고 절제미를 갖춘 점 등이다.

나는 2004년 2월호 『인물과사상』에 한명숙 의원을 인터뷰한 적이 있다. 한명숙 의원은 박 대표와 달리 어린 시절 평범한 중산층 가정에서 자랐다. 박 대표가 거창한 조국의 경제 발전과 미래를 위해서 서강대 전자공학과를 택했다면, 한명숙 의원은 개인적인 관심으로 이화여대 불문과에 입학했다. 한 의원은 박성준 교수(성공회대 NGO학과)와는 재학 시절 동아리의 회장, 부회장으로 만나 결혼했다. 남편인 박성준 교수는 인혁당 사건으로 결혼 6개월 만에 투옥됐고, 이들 부부는 13년간 서신 교환만으로 사랑을 이어갔다. 한 의원은 크리스찬아카데미에서 여성학을 들으며 여성 운동에 발을 들여놓게 됐다.

한명숙 의원은 여성 운동을 하며 한국여성단체연합 공동대표를 하다가 비례대표로 16대 국회의원이 된다. 여성부 장관, 환경부 장관을 거쳐, 17대 경기도 일산에서 3선의 홍사덕 의원과 겨뤄 승리했다. 당당히 지역구 국회의원으로 당선된 것이다.

박 대표가 아버지 때문에 정치에 눈뜨고, 정치에 필요한 덕목들을 아버지한테서 배웠다면, 한명숙 의원은 여성 운동을 하면서 정치에 눈을 뜨게 되었다. 따라서 여성 운동을 했던 한명숙 의원의 여성 정책에 대한 애정은 남다르다. 16대와 달리 17대 들어서는 상임위원회를 통일외교통상위원회를 선택해서, 국제적인 정치 감각을 키우고 있다.

한명숙 의원의 이념과 활동은 합리적 진보와 개혁 정도로 평가할 수 있다. 왜냐하면 시민 사회에서 요구하는 이라크 파병 반대, 국가보안법 폐지 등의 내용에 대해서 적극적으로 지지를 해 주지 않기 때문이다. 다만 여성계의 요구 사항인 호주제 폐지, 시민 사회의 요구였던 사학법 개정 등 합리적 진보와 개혁의 내용에는 여전히 시민 사회의 입장을 견지하고 있다.

내가 놀랐던 것은 13년 동안 애틋하게 서신 교환으로만 사랑을 키워온 한명숙 의원의 지고지순한 사랑 전선에도 위험 경보가 울린 적이 있다는 점이다. 13년이나 옥고를 치른 남편이 형을 다 살고 나왔는데, 그렇게도 보고 싶고 그리운 남편이었는데…… 정작 늦깎이 신혼살림을 하는데 부부간 의견이 어긋난 적이 많았다. 한명숙 의원은 이혼까지 고민한 적이 있다고 털어놓았다. 하지만 대화와 타협, 상대방 입장 생각하기 등의 다양한 방식으로 소통을 시도해 지금까지 행복하게 살고 있단다. 특히 박성준 교수의 외조가 든든하다고 한다.

나는 한명숙 의원의 행복 지수를 매겨 본다. 개인적으로 옥고를 치른 남편과 13년간 떨어져 있어서, 젊은 시절 독수공방을 했지만, 그렇기 때문에 여성 운동에 몰입할 수 있었던 한명숙 의원. 남편과의 13년간 생이별이 그녀를 불행하게 만들었지만, 그래서 여성 운동이라는 행복과 남편을 기다리는 행복을 맛볼 수 있었다.

한명숙 의원이 점점 큰 정치인으로 익어 가고 있는데, 그러면 그럴수록 자신의 뿌리인 시민 사회의 요구를 외면해 갈 것이다. 이 역시 개인의 정치력이 커지고 영향력이 커지기 때문에 행복하겠지만, 자신의 뿌리로부터 멀어지는 것 때문에 더 불행해지지 않을까?

나는 일단, 여성 대통령이 '남성 대통령'보다 나을 것이라고 생각한다. 하지만 이런 비교는 보수적인 여성 대통령과 보수적인 남성 대통령일 경우다. 만약 똑같은 보수적 색채를 띠었을 때에는 남성과 여성을 비교한다면, '차이'에 민감한 여성이 대통령에 더 적합하다는 것이다. 그리고 진보적 여성 대통령과 진보적인 남성 대통령과 비교했을 때도 마찬가지로 진보적인 여성 대통령이 훨씬 낫다고 생각한다.

다만 그 이념과 지향이 다른 여성 대통령과 남성 대통령이 맞붙게 된다면, 그야말로 누구를 찍어야 할까? 나는 아마도 '인물'을 보고 결정할 것 같다. 다만 나는 여성도 남성처럼 존중받을 수 있게 하는 정치인, 소수자의 '차이'에 민감한 정치인, 생태와 환경을 생각해 아이들의 건강과 미래를 행복하게 해 줄 수 있는 정치인이라는 기준은 분명히 견지할 것이다.

국 여성 대통령을 꿈꾼다
러리 vs 라이스

힐러리와 라이스[23]는 모두 미국 대통령의 여자들이다. 대통령 주변의 여자였던 그들이 여성 대통령을 꿈꾼다. 이들은 어떤 사람들일까?

여권은 인권이다, 힐러리 로댐 클린턴

8년간 백악관의 안주인이었던 힐러리 로댐 클린턴. 그녀는 남편 하나 잘 만나서 퍼스트레이디가 된 여성인가? 출세와 권력 획득 수단으로 결혼을 적절히 이용한 여자인가?

힐러리의 아버지는 2차 대전 참전 군인 출신의 열렬한 공화당 지지자였다. 그런 아버지의 영향으로 힐러리는 어린 시절 공화당 지지자였다. 커튼 원단 제조업을 했던 힐러리 아버지는 절약 정신이 투철했다. 어느 정도로 절약 정신이 투철했냐 하면, 자녀들이 치약 뚜껑을 제대로 닫지 않으면 치약을 창밖으로 던져 버린 뒤 이를 찾아오게 했다.

힐러리 어머니는 "너는 네 스스로 지켜야 돼."라는 말을 항상 힐러리에게 했다. 또한 어머니는 힐러리가 친구들로부터 괴롭힘을 당하자 "우리 집에 겁쟁이는 발붙일 수 없다. 엄마가 때려도 된다고 허락할 테니 나가서 맞서라.”고 말하기도 했다. 역시 훌륭한 여성 뒤에는 훌륭한 어머니와 아버지가 있다는 만고불변의 진리가 힐러리에게도 적용되나보다.

그랬던 힐러리는 고등학교 시절 진보적인 교회 목사의 영향을 받았고, 1960년대 말 공화당의 우경화로 대학에서 민주당 지지자로 변하게 된다. 그녀는 이후 30년 이상 민주당원으로 살아갔다. 힐러리는 “내가 공화당을 떠났다기보다는 오히려 공화당이 나를 떠났다는 생각이 든다.”고 고백하기도 했다.

웰슬리대학과 예일대 법대 시절, 남편 빌 클린턴을 만난다. 힐러리는 “빌(클린턴)은 사회 변화를 이야기했지만, 나는 사회 변화를 구현했다. 나는 나 자신의 독자적인 견해와 관심사와 직업을 가지고 있었다. 나는 우리 사회에서 여성의 역할에 일어나고 있는 변화를 상징했다.”고 말한다. 이 같은 힐러리의 독립성과 적극성은 호전적인 페미니스트, 과격한 여권론자로 비판을 받는다. 심지어 ‘적그리스도’라는 악의적인 공격에도 시달리기도 했다.

힐러리는 “나는 이 시대 여성의 역할을 상징한다.”며 “누구의 아내로만 불린다는 것은 어색했다.”고 밝힌다. 그녀는 열세 살 이후로 지금까지 백악관 생활을 빼고는 줄곧 자신의 직업을 가지고 일했기 때문이다. 그녀는 클린턴과 결혼을 하고도 클린턴이 주지사가 되기 전까지는 ‘클린턴’이라는 성 대신 자신의 성 ‘로댐’을 고집했다.

백악관에 입성할 당시 힐러리는 젊고 능력 있는 변호사였다. 그러나 8년 동안 백악관의 안주인이었을 때 ‘과도한 영향력을 행사한다’는 비난을 받기도 했다.

1995년 중국 베이징 세계여성대회에서 중국 지도층은 NGO포럼을 여는 것을 금지하고, 베이징에서 북쪽으로 50여 킬로미터 떨어진 하이러우라는 소도시에 임시로 급조한 회의장을 내줬다. 여기서 힐러리는 이런 연설을 했다.

새천년을 앞둔 지금이야말로 침묵을 깨야 할 때라고 믿습니다. 여성의 권리를 인간의 권리와 따로 떼어 논의하는 것을 더는 용납할 수 없다고 말합시다…(중략)…어린 소녀들이 성기 절단이라는 고통스럽고 천박한 관습에 따라 잔인한 짓을 당할 때, 그것은 인권 침해입니다. 여성들이 스스로 가족계획을 세울 권리를 박탈당할 때, 그것은 인권 침해입니다. 이 회의에서 멀리까지 울려 퍼질 메시지가 하나 있다면, 인권은 여권이며……여권은 곧 인권입니다.

힐러리가 여권이 곧 인권이라는 주제의 연설을 한 것처럼, 그녀는 여성주의적 입장을 명확히 견지했다.

클린턴과 모니카 르윈스키 스캔들에 대한 힐러리의 반응. 힐러리는 처음 남편이 르윈스키와의 친분을 밝히고, 언론이 1면으로 스캔들 보도를 냈을 때만 해도 계속 남편을 신뢰했다. 그녀는 "남들이 어떻게 생각하고 뭐라고 말하든 나에게 옳은 일을 하기로 결정하고 내 감정에 따라 행동할 수 있으려면 먼저 내 감정에 솔직해져야 했다. 많은 사람들의 주목을 받는 상황에서 자아의식을 유지하기는 쉬운 일은 아니지만, 지금은 두 배나 더 어려웠다."고 말한다. 남들의 시선 속에 갑옷처럼 두꺼워지는 감정은 쉽게 깨지기 쉽다며 남들의 시선에 의해 좌우되는 자아의식을 경계하고 있다.

　　힐러리는 1998년 8월 15일 토요일 클린턴이 르윈스키와의 부적절한 성관계에 대해서 얘기했을 때의 상황을 이렇게 묘사한다.

　　나는 거의 숨을 쉴 수가 없었다. 숨을 한번 꿀꺽 삼키고, 울음을 터뜨리면서 그에게 고함을 질러대기 시작했다. "그게 무슨 소리야? 도대체 무슨 말을 하고 있는 거야? 왜 거짓말을 했어?" 나는 점점 더 분노에 사로잡혔다…(중략)…끔찍한 순간이었다. 그런 쓰라린 배신행위가 일어난 뒤에도 결혼 관계가 지속될 수 있을지 아니 결혼을 지속해야 할지 알 수가 없었다.

　　버림받는 아내가 나오는 외도 관련 드라마를 볼 때 아내의 배신감과 분노에 공감하는 나였듯이, 힐러리에게도 마찬가지로 분노와 배신의 감정을 함께 느꼈다. 그리고 힐러리가 아파했듯이, 나도 가슴이 아팠다.
　　그러나 그녀는 아내로서의 사적인 감정과 정치적 동지로서의 공적인 신념을 냉정하게 구분한다.

　　나의 사적 감정과 정치적 신념은 그대로 가면 서로 충돌할 수밖에 없는 노선을 달리고 있었다. 아내로서 나는 빌의 목을 비틀어 버리고 싶었다. 하지만 빌은 나의 남편일 뿐만 아니라 나의 대통령이기도 했다. 어쨌든 빌은 미국과 세계를 훌륭하게 이끌어 가는 지도자였고, 나는 그의 노선을 여전히 지지하고 있었다.

나는 왜 힐러리가 이혼하지 않았을까를 생각해 본다. 그리고 남편 클린턴의 잦은 스캔들에 대해 얼마나 괴로웠을까를 상상해 본다. 결론은 잘 모르겠다. 세간의 비난처럼, 힐러리가 '퍼스트레이디'의 권력을 잃기 싫어서였을까? 그것보다, 나는 보통의 여성들처럼 힐러리는 '자신이 만든 울타리'를 소중히 여긴 것이 아니었을까 하고 생각해 본다. 여성 대통령을 꿈꾸는 연방 상원의원인 그녀이지만, 나는 힐러리에게서 '상처받기 두려워하고, 또 자신이 사랑했던 남편을 잃고 싶어 하지 않는 평범한 주부'의 모습을 발견한다.

나는 힐러리가 미국 여성 대통령이 되었으면 하고 바란다. 힐러리는 그동안 클린턴의 아내로서 제2인자의 삶을 살면서 말투와 옷차림에서부터 너무 설치고 다니는 '미시즈 프레지던트'라는 비방 등 온갖 비난을 받아 왔다. 하지만 힐러리는 클린턴의 잦은 스캔들이 터질 때마다 심장이 터질 듯한 분함과 억울함, 아내로서의 외로움 등을 일거에 날려 버리고 진정으로 홀로 설 수 있는 계기가 바로 그녀 자신이 꿈꾸는 여성 대통령이 되는 것이 아닐까? 남편으로 인해 응어리졌던 그녀의 멍든 가슴이 치유되는 것은 바로 남편으로부터 진정한 정치적 독립을 이룬 뒤가 아닐까? 물론 단순히 그녀 자신의 행복을 위해서 그녀가 미국 여성 대통령이 되기 바라는 것은 아니다. 현재로서 미국의 유력한 여성 대통령 후보감 중에 공화당 출신 여성 후보보다는 민주당 출신 여성 후보가 세계 평화와 여성의 인권을 더 보장하는 데 기여할 것이기 때문이다. 만약 녹색당에서 유력한 여성 대통령 후보를 배출한다면 그 생각이 달라질 수도 있다.

왼쪽부터 힐러리, 라이스. 미국 상원의원 공식 홈페이지(www.senate.gov)와 미국 국무부 홈페이지(www.state.gov)에서 사진 제공.

흑인 차별 장벽을 뛰어넘은 콘돌리자 라이스

콘돌리자 라이스, 백악관 안보 담당 보좌관이던 그녀는 2004년 11월 15일 부시 집권 2기의 새로운 국무장관으로 지명됐다.

아빠, 제가 안에 못 들어가고 밖에서 백악관을 구경해야 하는 건 피부색 때문이에요. 두고 보세요, 저는 반드시 저 안으로 들어갈 거예요.

부모와 함께 백악관을 구경하던 열 살짜리 소녀의 당돌한 발언은 25년 후 바로 현실이 됐다. 바로 1990년 조지 H. 부시 당시 대통령의 수석 보좌관으로 백악관에 당당히 입성한 것이다.

　나는 열 살짜리 꼬마 소녀 라이스의 거침없는 생각에 한번 놀라고, 또한 흑인으로서의 경험해야 하는 기회 구조의 벽을 넘어 서려는 의지에 또 한번 놀란다.

　미국 역사상 최초로 흑인 여성 안보 보좌관이 된 라이스. 그녀는 1954년 인종 차별이 극심했던 남부 앨라배마 주에서 태어났다. 교사였던 어머니와 장로교 목사였던 아버지 사이에서 태어난 그녀는 세 살 때부터 피아노 레슨을 받았다. 피아노에 재능을 발휘한 라이스는 피아니스트를 꿈꿨다. 흑인 최초로 버밍햄음악학교에 입학했던 라이스는 자신이 흑인이라는 한계를 느끼고 피아니스트의 꿈을 바꾼다.

　라이스는 덴버대학과 노트르담대학 석사, 덴버대학에서 박사 학위를 받고, 불과 26세라는 어린 나이에 명문 스탠포드대학교의 정치학 부교수가 되었다. 소련학 전공자로, 러시아 외교 안보 전문가로 이름이 날렸기 때문이다. 라이스는 자신이 학자의 길에 들어서며 소련학을 선택한 것에 대해 이렇게 말했다.

　문화란 우리가 선택할 수 있는 '그 무엇인가'를 지칭합니다. 저는 소련에 강하게 매료되었어요. 어떤 문화든 취할 수 있는 '그 무엇'이 있게 마련이니까요. 한마디로 표현하자면 그건 바로 '사랑'이었습니다. 왜 사랑에 빠졌는지 설명할 수 있는 사람은 아무도 없으니까요.

물론 이 같은 라이스의 학문적 탁월함은 가족의 교육열과 맞닿아 있다. 흑인 차별을 겪었던 부모들은 라이스에게 '2배로 열심히'라는 것을 가르쳐 주었다. 흑인이 백인처럼 인정받으려면, 적어도 2배로 열심히 해야 겨우 백인과 똑같은 능력을 가진 것으로 인정해 준다는 것이다.

나도 직장 생활을 처음 시작할 때, 어느 교수님께서 내게 그런 비슷한 조언을 해 주셨다. 직장 생활에서 여자가 남자에 비해 2배로 열심히 해야 그나마 남자와 비슷하게 평가받는다는 것이다. 나도 그 말을 가슴속 깊이 간직하고 있었다. 흑인이 2배 열심히 해야 백인과 비슷한 능력으로 취급해 주는 당시 미국의 흑인 차별 상황과 여성이 2배 열심히 해야 남성과 비슷한 능력으로 대우받는 현재 한국의 남녀 차별 상황이 같다는 데 잠시 비애감에 빠지고 말았다.

하지만 라이스에게도 시련은 있었다. 고등학교 때 대학 진학 상담 교사가 라이스에게 '대학 입학을 할 수 없을 것'이라고 단호히 말했다. 그때 라이스는 좌절했다. 그러나 라이스의 엄마는 상담 교사의 일개 조언에 불과하다며 라이스에게 용기를 준다. 라이스는 엄마의 격려에 힘입어 더 열심히 공부를 했고, 마침내 겨우 스물여섯 나이에 스탠포드대학 교수가 되었다.

라이스의 정계 입문 계기는 이렇다. 브렌트 스코우크로프트 전 백악관 안보 보좌관과의 인연 때문이다. 핵무기 통제 문제를 논의하는 자리에서 라이스를 처음 만난 스코우크로프트는 라이스에 대해 이렇게 회고한다. "라이스는 수줍어하지 않았다. 그렇다고 교만하거나 직관적이지도 않았다. 참으로 강한 인상을 받았다. 그녀를 더 알아야 하겠다고 생각했다. 그리고 부시 대통령도 그녀를 알았으면 좋겠다는 생각이 들었다.”

34세에 조지 H. 부시 행정부 당시 소련 자문역을 맡아 정계에 입문한 라이스. 1989년 몰타 미소 정상회담에서 라이스를 만난 미하엘 고르바초프 당시 소련 대통령은 훗날 “그녀는 내가 아는 소련의 모든 것을 말하고 있었다.”며 라이스에 대한 찬사를 아끼지 않은 것으로 전해진다.

라이스는 부시 대통령 부자(父子)와 세대를 거쳐서 깊은 인연을 가지고 있다. 외교 정책 보좌관 역할은 아버지 부시 밑에서였고, 당시 소련 해체와 베를린 장벽 붕괴의 역사적 사건을 지켜봤다. 그리고 안보 보좌관(현재는 국무장관)으로서 아들 부시 현 대통령 밑에서 9·11사태 수습과 이라크전쟁을 이끌었다. 부시 대통령은 그녀에게 ‘콘디’(Condi)라는 애칭을 붙여 주기도 했다. 물론 라이스는 이런 애칭을 별로 좋아하지 않는다고 한다.

라이스는 2000년 조지 W. 부시의 대선 운동에 합류해, ‘W는 여성을 의미한다’며 여성계 표를 모으려고 지지 연설을 한다. 그러나 공화당은 전통적으로 민주당에 비해 여성 친화성이 낮다. 2002년 ‘미국흑인지위향상협회’ 최고 의장상을 수상하는 등 흑인 인권 문제에는 진보적인 입장을 취했다.

이미 열 살 때, 라이스는 미식축구부의 코치였던 아버지로부터 ‘경기의 모든 것’을 전수받았다. 그래서 아버지 부시가 라이스를 아들 부시와 만나게 소개시켜 주었을 때, 아들 부시와 미식축구에 관한 대화를 즐겼다. 라이스는 또한 외교 관계와 전략에 대해 미식축구의 룰을 이용해 설명하기도 했다.

라이스는 이미 최정상인 자리인 안보 보좌관을 맡으면서 “학생들에겐 이렇게 말했습니다. ‘자신에게 찬성만 하는 동료를 찾는다면, 이미 잘못된 동료 속에 파묻힌 것이나 마찬가지'라고." 말한 바 있다. 바로 통합적 리더십의 면모를 보여 주는 대목이다.

독신인 그녀에게도 애인이 있었다. 부시 전 대통령 행정부에서 2년간 휴직했을 때, 그녀는 많은 구혼 요청을 받기도 했다. 유명 미식축구 선수와 약혼을 했으며, 배우자와 함께하는 동반 모임에도 참석한 적이 있다. 그러나 결혼하기 직전, 두 사람의 관계는 전화 통화로 끝나 버렸다고 한다. 라이스는 2001년 10월 자신의 결혼관에 대해 "저는 신앙심이 매우 깊어요. 이미 하나님과 함께하고 있는 걸요." 하고 얘기했다고 한다.

물론 미국 언론은 부시 대통령과 라이스의 관계에 대해 '정신적 부부' 관계라고 표현한 적 있다. 즉 진짜 부부가 아닌, 동업자 관계로서 '서로를 존경하는 관계'라는 것이다.

만약 힐러리와 라이스가 여성 대통령 후보로 나온다면, 미국의 유권자들은 누구를 찍을까, 궁금해진다. 진보적인 여성 정책을 펼칠 민주당의 힐러리가 선택받을지, 보수적인 여성 정책을 펼칠 공화당의 흑인 여성 라이스가 선택받을지 말이다.

미국 유권자는 아니지만, 만약 힐러리와 라이스가 대선 후보로 나오면 누굴 찍을지, 혹은 누구를 찍어야 한다고 주위 사람들에게 얘기할지는 앞에서 이미 말한 바 있다. 누가 여성을 행복하게 해 줄 것인가를 기준으로 평가했을 때 그 답은 선명하기 때문이다.

계가 주목하는 독일 여성 정치인 르켈 vs 뤼어만

독일엔 최근 유명 여성 정치인이 두 명 있다. 한 명은 독일 최초 여성 총리인 앙겔라 메르켈이고, 또 한 명의 여성은 세계 최연소 국회의원인 안나 뤼어만이다.

독일 여성 총리 앙겔라 메르켈

메르켈이 EU 예산의 중재자로 떠올랐다…(중략)…2005년 상반기 프랑스와 네덜란드의 유럽헌법 부결로 위기를 맞았던 EU. 브뤼셀에서 열린 정상회담에서 EU정상들은 지난 2005년 12월 17일 새벽 3시까지 마라톤 협상 끝에 예산안(2007~2013년)에 어렵게 합의했다. 이 과정에서 앙겔라 메르켈 독일 총리는 유럽 외교의 탁월한 중재력을 발휘했다는 평가를 받았다.

요즘 국제 뉴스로 신문 지상에서 외교력을 발휘한 메르켈에 대한 얘기들이다. 메르켈이 자력으로 그 높은 지위까지 올라갔을까 궁금해진다. 힐러리는 클린턴이라는 남편이 존재했고, 박근혜 대표는 박정희 대통령이라는 아버지가 존재했기 때문이다. 그럼, 메르켈은?

메르켈 총리의 정치적 지향은 우파에 가깝다. 2005년 7월 잇단 지방선거 패배로 궁지에 몰렸던 게르하르트 슈뢰더 총리의 조기 총선 선언. 메르켈은 대연정 협상에서 사민당을 강력하게 압박해, 마침내 2005년 10월 승리를 얻어 냈다. 그녀의 정치적 성향은 흔히 '기민련보다 더 우파적'이라고 평가된다. 그녀는 친기업적 세제 개편을 주장하고, 근로 시간을 늘리기 위한 노동 관련법 정비, 그리고 미국 주도의 이라크전을 지지해 왔다.

그렇다면, 독일 최초의 여성 총리인 메르켈은 어떤 사람일까?

메르켈은 1954년 라이스처럼 목사 아버지와 교사 엄마 사이에서 태어난다. 서독 함부르크에서 신학 대학을 마친 28세의 젊은 목사 호르스트 카스너가 메르켈의 아버지다. 그는 동독으로 이주해서 목회 활동을 하기로 마음먹었다.

그녀는 어머니처럼 교사를 하고 싶어 했지만, 동독 정부에서 교사를 할 수 없게 하자 물리학을 전공, 라이프치히대학에서 원자핵에 관한 논문으로 박사 학위를 받았고, 12년 동안 평범한 연구원 생활을 했다.

메르켈은 1989년 베를린 장벽이 무너진 직후 동독 민주화 운동 단체인 '민주변혁'에 가입했다. 주변 사람들은 그녀가 정치를 한다면 당연히 녹색당으로 갈 것으로 생각했지만, 통일 후 그녀는 기민당에 들어갔다. 그녀는 1991년 여성·청소년 장관에 오르면서 독일 역사상 최연소 장관이 됐고, 1998년과 2000년 여성 최초로 기독교민주연합(이하 '기민련') 사무총장과 당수 자리에 올랐다.

헬무트 콜 전 총리는 메르켈의 정치적 후견인이었다. 콜은 메르켈을 '나의 소녀'라고 부르며 총애했다. 그래서 언론은 그녀를 '콜의 정치적 양녀'라고 비아냥대기도 했다. 즉 당시 메르켈이 초고속으로 장관 자리에 오른 것은 콜 수상의 총애 때문이라는 인식이 지배적이었다. 특히 콜 수상은 항상 내각에 지역적 안배가 있어야 한다는 생각을 가지고 있었기 때문에, 동독에서 온 젊은 여성이자 개신교도인 메르켈이 콜의 인사 정책 구상에 맞아 떨어지는 사람이었다. 또한 콜은 선거 승리 이후 여성 장관의 비율을 높이기 위해 기존에 하나였던 청소년·가족·여성·보건부를 세 개의 부로 나눠 모두 여성 장관으로 채운 것이다. 하지만 메르켈은 콜 수상이 특별한 보호에 대해 언짢아한 것으로 전해진다.

조심스럽게 말하자면 항상 다른 사람의 일부분으로 인식되는 것은 매우 불편한 일입니다. 나는 독자적인 사람으로 인정받기 위해서 초기에 많이 싸워야 했어요. 그리고 콜 수상의 조종을 받고 있다거나 여성할당제로 들어온 여자라는 등 초기에 나를 따라다니던 수식어들이 불쾌했어요.

여성·청소년 장관을 지냈던 메르켈이지만, 그녀는 서독 지역의 여성 운동과는 거리를 두었다. 장관이 되던 1991년에는 '페미니즘'이란 말에 대해 "듣기 좋은 단어는 아니네요."라고 말하면서 자신이 '여성 정치인'으로 규정되지 않기 위해 노력을 했다고 알려졌다. 그래서 독일여성연합은 메르켈이 여성할당제를 반대하고 헬무트 콜에게 충성한다고 비난했다.

메르켈과 콜의 첫 만남은, 사실 우연히 이뤄진 것이 아니라 메르켈이 의도한 것이었다. 메르켈은 사회부 장관이 된 한스 가이슬러에게 자신을 콜 수상에 소개시켜 달라는 부탁을 했다. 이처럼 메르켈은 자신이 의도한 목표에 있어서는 적극성을 발휘하기도 한다.

1998년 콜 전 총리의 불법적인 비자금 문제가 불거지면서 기민련이 궁지에 빠지자, 메르켈은 콜과 결별하기로 결심한다. 메르켈은 콜의 당수직 사퇴와 정계 은퇴를 공개적으로 요구했다. 메르켈은 기민련을 추스렸고, 마침내 2005년 총선에서 승리를 할 수 있도록 당을 이끌었다.

메르켈은 2005년 게르하르트 슈뢰더를 밀어내고 독일 총리 자리에 올랐다. 정계 입문한 지 16년 만의 일이다. 헬무트 콜 전 총리라는 정치적 배경이 정치인으로서 메르켈이 초고속 상승을 할 수 있는 요인이었다. 그리고 그녀

왼쪽부터 뤼어만, 메이켈. 뤼어만 의원 공식 홈페이지(www.anna-luehremann.de)와 위키백과(www. wikipedia.org)에서 사진 제공.

의 정치적 성공에 '언론의 역할'이 컸다는 분석도 있다.

메르켈은 1998년 12월 30일 양자역학자 요하힘 자우어와 재혼했다. 자우어 역시 재혼이었다. 그녀는 만약 남편이 교수직이나 연구 목적으로 남아프리카에 가게 된다면 정치를 포기하고 남편을 따라가겠다고 이미 오래전에 합의를 했다고 말했다고 한다. 남편에게 순정적인 아내의 모습도 갖고 있는 메르켈이다. 물론 실제로 남편이 외국에 가서 연구할 일이 벌어지지 않았기 때문에 미래의 일은 모르는 일이지만 말이다.

세계 최연소 여성 의원

2002년 19세의 나이로 세계 최연소 국회의원이 돼 화제를 모았던 안나 뤼어만이 2005년 12월 4일부터 7일까지 3박4일의 일정으로 한국을 첫 방문했다. 독일의 최초 여성 총리인 메르켈에 대해 세계 최연소 여성의원 안나 뤼어만의 평가가 궁금했다. 하지만 안나 뤼어만은 '생물학적 성'이 같다는 이유로 메르켈을 '동지'로 여기는 것 같지 않다. 뤼어만이 한국에 왔을 때 메르켈에 대해 이렇게 평가했다.

나와 (정치 철학은 다르지만) 같은 여성이 국가 최고 지도자가 된 점은 만족스럽다. 하지만 메르켈 총리가 이끌고 있는 대연정의 결과는 걱정스럽다. 기민당과 사민당은 정치 철학이 기본적으로 다르기 때문에 합의 과정이 쉽지 않을 것이다.

정치는 사회 변화를 가능케 하는 통로다. 정치의 장점은 타인을 위한 삶을 살 수 있게 하고 많은 사람을 만날 수 있는 경험을 준다는 것이다. 그녀가 말하는 정치의 장점은 바로 '타인을 위한 삶을 살 수 있게 하는 것'이다. 사회민주당원인 아버지와 그녀는 정치에 관해 토론을 자주했다. 당원 가입과 정치 활동이 자연스런 독일 사회에서 부녀간 흔히 볼 수 있는 장면이기도 하다.

그녀는 열 살 때 그린피스 환경 보호 지킴이 활동을 했고, 초등학교 어린이 회장에 뽑혔다. 정치와 환경에 대한 관심은 자연스레 녹색당 활동으로 이어진다. 녹색당 산하 단체인 「녹색청소년회」에 가입해 환경 보호 활동을 시작했다. 중고등학교 때는 헤센 주 녹색당 청소년 대변인으로 활동했다. 2003년 하겐대학에 입학해 정치학과 조직학을 전공하고 있다.

그녀는 19세에 녹색당 비례대표로 독일 연방의회 의원이 됐고, 2005년 9월 재선에 성공했다. 독일의 연방 국회의원은 모두 608명으로, 이 중 여성 의원 비율은 30%를 차지한다. 그녀는 유럽분과위원회, 예산결산위원회에서 일하며 에너지, 환경 보호, 교육 분야 예산을 늘리기 위해 힘썼다. 독일에는 청소년의 사회 참여가 제도적으로 보장돼 있다. 기초 자치 단체마다 '어린이청소년의회'가 있으며, 지자체는 어린이청소년의회의 독립된 재정을 보장한다. 16세가 되면 정당의 당원이 될 수 있고, 16세가 되기 전에도 정당 산하의 청소년 단체에서 활동할 수 있다.

최연소 국회의원인 뤼어만은 독일 중도좌파 일간지 『프랑크푸르터 룬트사유』 2005년 4월 23일치에 실린 '모든 세대를 위한 강력한 국가'라는 제목의 기고문에서 미래 지향적 조세 정책을 통한 '세대 간 연대'를 강조한다.

그녀는 68세대의 좌파들은 세대 갈등에 대한 뚜렷한 해법을 내놓지 못했으며, 환경 파괴 등의 문제에 천착하지 못함으로써 젊은 세대의 정치 활동의 범위를 제한했다고 지적한다.

2005년 9월 조기총선 이후 기독교민주연합과 사민당이 대연정을 이뤘다. 새로운 연합정부의 여성 총리인 메르켈이 예상대로 ‘감세’를 들고 나왔을 때, 뤼어만은 ‘대연정’의 주요 이슈였던 조세 정책에 대해 자신의 입장을 피력했다. 그녀는 "세금 감면으로 국가 수입이 줄고 있다."며 "성인지 교육, 여성 정치 분야 등 성장 가능성이 있는 곳에 지출을 통한 미래 지향적인 세금 정책을 펼쳐 모든 세대를 위한 강력한 국가(복지 국가)를 만들자."고 강조한 것이다. 한나라당과 열린우리당, 민주노동당의 ‘조세 정책’을 둘러싼 논란이 독일에서도 역시 재현되고 있는 것이다. 다음은 그가 한국에 와서 했던 말들이다.

꿈꾸면서 살지 말고, 살면서 꿈을 꾸자는 것이 제 신념입니다. 불평하는 대신 행동하라. 체념하고 불평만 늘어놓으면 어떤 문제도 해결할 수 없다.

무엇이 되겠다는 생각보다 ‘무엇을 바꾸겠다’는 생각에 따라 살아온 결과 오늘에 이른 것 같습니다.

문득 메르켈과 뤼어만의 미래가 궁금해진다. 그들을 여성 정치인의 잣대로 훗날 평가한다면 어떤 점수가 나올까?

　이제부터는[24] 지난 2005년 한 해 동안 국회에서 벌어진 다양한 사안들을 대해 '여성주의적 해석하기'를 시도한다.

　'여성의 눈'으로 정치를 본다는 것은 말 그대로 '여성의 시각'에서 정치를 해석한다는 것이다. 따라서 그 평가 기준과 내용은 '여성을 위한 정치' 여부가 될 것이다.

　사학법 개정안을 둘러싼 논란에서 한나라당 박진 의원과 고진화 의원은 같은 정당이지만, 다른 입장을 들고 나왔다. 그러나 이들은 모두 '어머니의 심정'으로 촛불을 든다고 한다. 나는 '어머니의 마음'처럼 모성애를 활용한 정치 전략을 '돌봄 정치'라고 봤고, 이제는 남성 정치인들도 '돌봄 정치'를 주요 정치 전략으로 활용한다고 해석했다.

　황우석 사태 논란과 한중 김치 전쟁은 커다란 사회적 이슈가 된 사안이다. 이러한 사안에 대처하는 일부 여성 의원들은 '가부장적 국가'와 '애국주의'로부터 자유롭지 못했다. 이제는 국가 페미니즘[25]을 여성 정치에서도 의미 깊게 생각해 봐야 할 시점이 온 것은 아닐까?

　남성 의원이 여성적 정치 행위를 하는 것에도 주목하자. 남성 의원이 페미니스트로 진화하거나 혹은 그러한 남성 의원이 '페미니스트'로 자처하기도 한다. 그럴 때, 누가 진짜 페미니니스트인지 생각해 봐야 할 것 같다.

　앞에서도 말한 바 있지만 여성은 '차이'에 민감하다. 또한 여성 의원이 성전환

수술을 하지 않는 한, 즉 생물학적으로 여성 의원으로 있는 한, 정치 사회에서 소수인 사회적인 성으로서 여성을 대표해야 한다. 물론 이것에 동의하지 않은 여성 의원도 있을 수 있다.

여성 노동자 출신, 대표적인 여성 단체인 한국여성단체연합 대표 출신, 대표적인 여성주의 언론사 대표 출신 등 다양한 여성계 출신 의원들에게 요구되는 여성적 의정 활동을 구체적으로 짚어 봤다.

여성 특유의 감수성으로 예산을 꼼꼼하게 편성하거나, 여성 의원이 파일(안기부 도청 사건)에 등장하지 않아 정치권력의 부패 구조로부터 자유로운 점 등도 얘기한다.

하지만 여성 정치인의 위험 지대도 존재한다. '복부인'이라는 고유 명사가 있듯이 땅 투기 혐의, 남녀 관계의 스캔들, 지극히 사적인 영역(결혼과 이혼, 남편 등)에 대해 언론으로부터 무차별 공격을 받는 것 등이 여성 정치인이 처할 수 있는 위험 지대다.

누가 콩쥐 엄마이고,
누가 팥쥐 엄마일까

"우리 아이들의 미래를 위해 촛불을 들어 주십시오."

대통령 선거 공약에나 나올 만한 구호가 국회서 등장했다. 그것도 여성 의원들뿐만 아니라 남성 의원들에 의해서 적극적으로 제기되니 이 얼마나 반가운 일인가?

진통을 겪던 사립학교법 개정안이 2005년 12월 9일 김원기 국회의장의 직권 상정으로 통과되자, 한나라당이 '촛불 집회' 등 장외 투쟁을 선언하며 강력히 반발하면서 내세운 구호다.

그동안 돌봄·감정 노동을 전략화한 정치는 여성 정치인들이 익숙하게 사용해 왔다. 그러나 사립학교법 통과로 여야에서 '아이들의 교육과 미래'라는 구호로 '돌봄 정치'를 전면에 내세우며 대치하는 상황은 아이러니하게도 '정치 전략과 선전 구호의 성 주류화'로 해석해야 하는가?

그러나, 이들이 아이들의 미래를 위해서 드는 '촛불'의 의미는 각기 다르다. 한나라당 박진 의원은 2005년 12월 10일 당 홈페이지에 '우리 아이들의 미래를 전교조에게 맡길 수 없다'는 글에 이어 13일 '국가 정체성을 지키기 위해 전교조의 전횡을 막아야 한다'는 글을 올렸다. 박 의원은 사학법 개정안 통과에 대해 "반민주적 폭거이자 우리 아이들의 미래를 검게 물들이는 결코 좌시할 수 없는 사태”라며 “한나라당의 사학법 반대는 비리 사학을 보호하기 위한 것이 아니라 우리 아이들의 미래를 전교조로부터 지키는 일이라는 논리를 적극 홍보해야 한다.”고 강조했다. 이를 위해 박 의원은 교원노조 단체 교섭이나 협약 시 학교운영위원회의 학부모 위원의 의견을 듣도록 하는 내용의 교원노조법 개정안을 제출할 계획이다.

같은 당이지만 박진 의원과 전혀 다른 입장을 들고 나온 고진화 의원은 지난 13일 ‘참교육 대신 이념 논쟁으로 변질된 사학법 논쟁’이라는 제목의 보도 자료를 배포하며 “우리 아이에게 부끄럽지 않은 국회가 될 것”을 주문했다. 그는 “교육 환경 개선과 깨끗한 사학 재단 운영이라는 목표와 관계없이 빅딜론에 이끌려온 사학법이 결국 국회 파행이라는 대지진을 초래한 것”이라고 규정한 뒤, ‘대지진의 최대 피해자’는 우리 아이들이기 때문에 여야 간 대화와 타협을 통한 피해 복구를 역설했다.

사학법 개정안 통과와 함께 부상한 남성 의원들의 ‘돌봄 정치’. 너도나도 엄마의 심정으로 미래의 아이들을 위해 촛불을 들겠다고 하는데…… 누가 콩쥐 엄마이고 누가 팥쥐 엄마인지를 구별하는 것은 여성 단체와 여성 유권자의 몫이다.

성인지 국감 유행어 '뒤를 돌아봐'

바야흐로 국정 감사 시즌이다. 여야 의원들은 너도 나도 언론의 스포트라이트를 받고 싶어 한다. 그러나 국정 감사가 막바지로 치닫고 있는 지금, 성인지 국감을 하려고 노력하는 의원들의 유행어를 발견할 수 있다. 바로 '뒤를 돌아봐'이다.

국감 첫날인 2005년 9월 22일 교육부 국감에서 열린우리당 최재성 의원은 김진표 교육부총리에게 질의를 시작하기 직전에 "부총리님, 뒤를 돌아보시죠."라고 언급했다.

순간 김진표 부총리는 고개를 돌려 뒤를 돌아봤고, 국회의원들과 기자들의 시선도 모두 김 부총리 뒤쪽을 향했다. 최 의원은 "피감 기관의 증인으로 참석한 교육부 직원 중 여성은 한 명도 없다."며 교육부 내에서 채용과 승진에 여성할당제 도입과 관련한 얘기를 꺼냈다.

자료 미제출과 관련해 여야가 실랑이를 벌이고 있던 터라 분위기가 험악했던 국감장이었는데, 오랜만에 웃음이 피어났다.

이날 오후 있었던 에피소드를 곁들이자면, 국감장의 열기가 한창 데워지자 황우여 위원장은 김진표 부총리에게 "더우면 옷을 벗어도 좋다."고 말한다. 김진표 부총리가 "옷은 안 무겁다. 옷을 안 벗어도 좋으니 무겁지 않은 가벼운 질문을 해 달라."고 가벼운 농을 던져 또 한번 이곳저곳서 웃음이 터져 나왔다. 그러나 황우여 위원장은 "만약 장관이 여성이었다면 옷 벗으라는 얘기도 못했을 것"이라고 덧붙였다.

2005년 9월 29일 언론재단과 언론중재위 국감에서 윤원호 열린우리당 의원은 피감 기관장들에게 본격적인 질문에 앞서 "뒤를 돌아보시죠."라고 말했다. 윤 의원 역시 "피감 기관의 증인으로 나온 사람은 모두 남성"이라며 "내년에는 여성도 이곳에 많이 나올 수 있도록 조처해 달라"고 말했다. 마찬가지로 채용과 승진에 여성할당제 도입의 필요성을 지적한 것이다.

2005년 10월 5일 국방부 군사법원에 대한 국정 감사에서 열린우리당 선병렬 의원을 비롯해 대부분의 남성 의원은 군대 내 성희롱, 성범죄 문제를 제기했다.

국정 감사장에서 쏟아지는 질의 속에서 여성 관련 얘기가 나오면 기자는 눈이 번쩍 뜨인다. 그러나 질의와 답변 시간을 포함해 14분밖에 안 되는 짧은 시간에 '성인지적 국감 질의'를 하는 의원 역시 발견하기가 쉽지 않다.

다만 '뒤를 돌아봐' 수준의 질의가 현재로서는 최고의 성인지적 국감 질의이자 유행어로 평가된다. 그러나 뭔가 아쉬움이 남는다. 국회의원들이 피감 기관의 업무 평가를 할때 여성, 환경, 지역, 장애인 등 다양한 관점에서 예각화된 질문들을 던졌으면 하는 기대치가 있었기 때문일 것이다.

난자의 권리는 누구에게 있는가

여야 정치권이 황우석 교수 구하기에 나섰다. 난자 채취 과정을 둘러싼 윤리 문제가 부각됨에 따라 줄기세포 연구 진행에 어려움을 겪게 된 황우석 교수팀을 도와야 한다는 주장이 제기되고 있기 때문이다.

정세균 열린우리당 원내 대표는 2005년 11월 23일 국회에서 열린 당 확대 간부회의에서 "우리나라가 가장 앞선 생명 공학 분야의 국제적 경쟁력을 어떻게 유지하고, 향상시켜 나갈 것인가에 대한 국익적 차원의 고려도 필요하다."면서 "아직 상황의 전모가 밝혀지지 않은 만큼 차분하고도 현명한 대응이 필요하다."고 말했다.

이계진 한나라당 대변인도 2005년 11월 22일 주요 당직자 비공개 부분 브리핑에서 "여성의 난자는 자연적으로 생성되고 없어지는 것이고…… 지나가는 여성을 납치해서 강제로 탈취한 것도 아니니…… 생명 공학 발전을 위해 양해할 수 있는 부분 아니냐?"고 말하면서 "그런 의미에서 황우석 교수를 응원하고 싶은 마음"이라고 밝혔다.

심지어 열린우리당 장향숙, 한나라당 송영선, 진수희 의원 등 여성 의원들은 2005년 11월 21일 민간난자기증재단 발기인 모임에 참석해, "황 교수팀이 졸지에 불법적 행위를 저지른 것처럼 알려지는 사태에 가슴이 아팠다."며 '연구 및 치료 목적을 위한 난자 기증' 민간 운동에 동참하기로 했다고 밝혔다.

한국여성민우회, 한국여성단체연합, 여성환경연대 등 13개 여성, 환경 시민 단체만이 2005년 11월 23일 '황우석 교수팀의 비윤리적 실험 행위에 대한 입장'이라는 제목의 논평을 내 황우석 교수에게 진실을 밝힐 것을 촉구했다.

'황우석 교수 구하기'에 나선 여성 의원들을 보면서 실망을 금할 수 없다.

첫째, '황 교수의 난자 매매 의혹 논란'이 시작됐을 때 여성을 대표하는 여성 의원이라면 국익보다 먼저 진실 규명에 앞장서야 하는 것 아닌가? 감정적 차원에서 난자 기증 운동에 동참하겠다고 나선 것은 제아무리 그 목적과 취지가 옳다 하더라도 '황 교수를 둘러싼 진실 규명의 물 타기'에 지나지 않는 것이다.

둘째, '여성 연구원의 자발적 난자 제공' 의혹 역시 황 교수와 여성 연구원 간의 권력 관계가 엄연히 존재하는 상황에서 의혹 자체로만으로도 과학사에 남을 만한 비윤리적 차원을 넘는다. 즉 남 교수와 여 제자 간 부정할 수 없는 '권력 관계'가 전면적으로 부각된다는 사실이다. 이 같은 상황에서 여성 의원들은 황 교수 입장과 여성 연구원 사이에서 '누구의 입장에 서서, 누구의 입장을 대변해야 하나?'

셋째, '국익론'이라는 이데올로기 속에 흔적조차 남지 않은 '여성의 몸과 인권'이다. '남성 의원이 생명 공학의 국가 경쟁력' 운운한다면, 여성 의원은 '여성의 몸과 생명'을 도구화하는 것에 비판을 해야 하는 것 아닌가?

불행히도, 생명 공학의 발전과 과학 국가로서의 경쟁력을 위해 여성의 난자마저도 기꺼이 내줘야 한다는 사회 분위기가 한축으로 형성되고 있는 가운데 몇몇 여성 의원들이 그 중심에 있다는 것이다.

여성 의원들의 난자 기증 운동 동참 소식을 듣자마자, 왜 나는 일제 시대 대표적인 여성 교육자 김활란이 떠오른 것일까? "반도에는 광영의 징병제가 실시되는 만큼 그에 따라 반도 부인들의 임무는 중대하다. 훌륭한 군인을 반도에서 많이 진출시키느냐, 못하느냐는 어머니의 손에 달린 것이다. 이러한 중대한 책임자인 어머니가 무식해서는 큰 문제다…… 여성에게서 본받아야 할 훌륭한 부덕을 가르쳐서 황국 여성으로서 부끄럽지 않을 자격을 가지게 해야 할 것이다."(매일신보 1944.1.4)

'여성 인권 보호' 근본주의자 각오로

얼마 전까지 황우석 교수를 감싸던 정치권이 황 교수의 논문이 조작됐다는 조사 결과가 드러나자 이제는 황 교수에 대해 비판뿐만 아니라 진상을 규명해야 한다는 주장까지 나온다.

국회가 황 교수에게 가한 첫 번째 벌은 관련 예산 삭감이다. 2005년 12월 26일 열린 국회 예산결산특별위원회 계수조정소위원회(위원장 강봉균)에서 황 교수가 주도했던 세계줄기세포허브의 연구비 40억 원 증액 방침을 무효화하는 등 관련 예산을 삭감키로 했다.

바로 다음 날인 27일 유승희, 홍미영 열린우리당 여성 의원과 심상정, 이영순, 최순영, 현애자 민주노동당 여성 의원은 기자 회견을 열어 '황우석 사태에 대한 국정 조사'를 촉구했다.

특히 유승희 의원은 얼마 전 인터넷 신문 「폴리뉴스」와 가진 인터뷰에서 현 정부와 삼성 등 재벌과의 유착 관계에 의한 '황우석 게이트'일 가능성이 높다고 거침없이 말했다. 유승희 의원은 실무 관련 책임자인 황 교수는 물론 박기영 청와대 보좌관, 오명 과학기술부 장관, 김병준 청와대 정책실장 등 황우석 게이트 4인방이 사퇴하는 등의 분명한 책임을 져야 한다고 주장했다.

여성의 인권을 지키고 보호하려는 노력은 어쩌면 근본주의자가 되는 것처럼 급진적인 일이 될지도 모른다. 자본주의 사회에서 여성의 몸까지 상품화되는 것을 막는 것은 '반자본주의'로 비칠 수 있고, 세계화 속에서 여성의 몸까지 과학 기술 경쟁의 세계화로 이용되는 것을 막는 것은 '반세계화'로 비칠 수 있기 때문이다.

어쩌면 여성 의원들은 여성의 인권을 지키기 위해 '근본주의자'가 되는 것을 각오해야 할지 모르겠다. 무엇보다, 여성 의원들이 자신이 속한 이해관계와 정당을 초월해서 여성의 인권을 지키려 했다는 점에서 우리 여성들이 기억해야 하는 '여성의 헌정사'에 남을 만한 중요 사건임에 틀림없다.

이번 사태를 둘러싸고 남성 의원인 한나라당 박재완 의원도 국정 조사에 목소리를 높이고 생명윤리법안을 제출했다. 다만 한나라당 남성 의원보다 여성 인권을 더 중시할 한나라당 여성 의원들의 침묵이 너무 오래가지 않기를 기다려 본다.

김치 전쟁과
국가주의

중국과 한국은 김치 전쟁 중이다. 2005년 11월 2일 반기문 외교통상부 장관은 서울 세종로 외교부 청사에서 정례 브리핑을 갖고 "한·중 김치 파동 문제가 한국과 중국 간 통상 마찰로 비화되는 것은 누구에게도 바람직하지 않다."고 말했다. 한국과 중국 간 무역 규모만 해도 거의 1,000억 달러에 달하기 때문이다.

이미 중국과의 통상 마찰은 지난 2000년 마늘 파동 때 한 차례 겪었다. 그러나 중국은 세계무역기구(WTO) 회원국이기 때문에 당시처럼 함부로 보복성 행동을 할 수 없다는 전문가의 견해도 있다. 결국 양국 간 WTO 위생 및 식품 위생 조치의 적용에 관한 협정(SPS)에 따라 해결해야 한다는 얘기다.

그렇다면 김치 전쟁의 본질은 무엇인가. 그것은 바로 국민의 먹을거리인 김치의 안전성이 확보됐는지 여부다.

그러나 한·중 간 김치 전쟁은 국민의 안전성 확보 방안에 대한 싸움이라기보다는 국가라는 획정된 틀로 벌이는 무역 전쟁이나 다름없다. 즉 국가가 김치 전쟁을 통해 자국민에 대한 과잉 보호 논리로 치장하고 결국은 통상 마찰로 이어지는 또 다른 국가주의의 변형이라는 것이다.

이번 사안에 있어서 중요한 것은 중국 사람이 생산한 김치냐, 한국 사람이 생산한 김치냐가 아니다.

한나라당 내 먹거리안전특위(위원장 고경화)가 2004년 6월 구성된 이후 활동해 온 것을 주목한다. 고경화 한나라당 의원이 2005년 9월 11일 국정 감사에서 제기한 김치 안전성 문제를 제기한 것 역시 먹을거리 안전 특위 활동의 기본 토대가 있었기 때문이다.

한나라당 정책위원회는 2005년 10월 30일 대통령 직속의 '식품안전위원회'를 설치하여 분산돼 있는 식품 안전관리 업무를 총괄·조정해야 한다는 내용을 포함한 10가지 정책 과제를 내놓았다.

한국이든 중국이든 모든 엄마는 아이들에게 좋은 김치를 주려고 한다. 그러나 한국 정부와 중국 정부는 이 같은 국사를 초월한 모성을 거부하고 있는 것이나 다름없다. 단지 식품 안전성을 외피로 한 채 외교 통상에서 우월적 지위를 차지하고픈 국가주의의 욕망이 더 중요할 뿐이다.

그야말로 '만국의 여성이 단결해야 할 시점'인가. 위협받고 있는 우리 먹을거리를 지켜 내기 위해서라도 말이다. 앞으로 먹을거리 정치를 풀어내야 할 과제가 있는 여성 의원들의 활동이 주목받는 이유이기도 하다.

페미니스트 자처한 두 남성 의원

지난 2005년 상반기 임시 국회서 호주제 폐지 법안에 대해 설명을 하자 김용갑 한나라당 의원은 법안에 찬성하는 남성 의원들의 '거시기'를 떼 버려야 한다며 반대 입장을 표명한 바 있다. 당시 해프닝을 보면 김 의원은 여성계의 숙원인 호주제 폐지를 반대하는 반여성적 의원으로 평가하기에 충분하다. 그랬던 김 의원이 이제는 현정은 현대그룹 회장과 박근혜 한나라당 대표를 지지하고 나섰다. 이 소식을 들은 현정은 회장과 박근혜 대표는 과연 반가울까? 이 같은 현상을 보면서 '여성주의'에 대해 다시 생각해 본다.

김용갑 의원은 페미니스트?

김용갑 의원이 2005년 9월 15일 '남자 정치인들, 현정은 회장 좀 보고 배워라!'의 제목의 보도 자료를 냈다. 그의 논지는 여성들이 '원칙을 지킨다'는 것. 이 대목에서 김용갑 의원이 페미니스트로 커밍아웃하는 것처럼 읽힌다.

김 의원이 현 회장을 지지하는 이유는 '비굴한 이익보다 정직한 양심을 택하겠다'는 글을 올린 현 회장의 굽힘 없는 행보 때문. 심지어 그는 "솔직히 내가 대한민국 남자라는 사실이 부끄러울 지경"이라고 밝혔다. "DJ 정권에

서 처음 금강산 관광이 시작된 이래, 남북경협을 주도했던 남자들은 단 한번
도 북한에 이렇게 당당한 모습을 보였던 적이 없다. 오히려 북한 눈치나 보
고, 김정일 비위 맞추기에 급급한 모습을 보였다."고 비판했다. 심지어 "정동
영 통일부 장관이 우리 기업의 정도 경영 의지를 격려하기는커녕, '어처구니
없다'는 표현까지 써가며 현 회장을 공격하고 거꾸로 북한 편들기에 바쁘
다."고 덧붙인다. 결론은 이번 분쟁에서 현 회장의 '원칙'이 승리하고 남자들
이 망쳐 놓은 남북경협의 질서를 여성들이 바로잡기 바란다는 것이다.

　김 의원은 또 다른 여성 박근혜 한나라당 대표를 "국가보안법을 끝까지
지켜 냈던 사람이고 '국민의 뜻을 전하겠다'고 청와대에 들어가서 꿋꿋하게
할 말을 다하고 나왔다."며 감탄 섞인 찬사를 보내고 있다. 김 의원의 이 같
은 행태는 특정 사안에 '개혁 대 반개혁'의 구도가 대립적으로 존재할 때, 반
개혁적이거나 어중간한 위치의 여성을 앞세워 이를 여성 대 남성의 대립 구
도로 몰고 가는 '여성주의 본질 흐리기'의 전형이라는 생각이 든다. 현정은
회장의 속내와 진실은 알 수 없다. 그러나 박 대표의 '국보법 수호' 부분에는
확실히 이 공식이 적용된다. 때문에 박 대표도 김 의원의 애정 표시가 반갑
지만은 않을 것이다.

존재를 배반한 의식

　'존재는 의식을 결정한다.' 마르크스 유물론의 기본 명제다. 그렇다면 남
성은 페미니스트가 될 수 없다는 말인가? 아니다. 왜? 존재를 배반한 의식도

현실에서는 수없이 존재하기 때문이다. 이는 여성이 마초로 전락되거나 혹은 남성이 페미니스트로 등극(?)될 때 모두 해당하는 말이다.

여성가족위원회(위원장 김애실)에 속한 남성 의원인 채수찬 열린우리당 의원이나 박세환 이재오 한나라당 의원, 열린우리당 내 저출산고령화대책단장을 맡고 있는 이계안 의원 등이 바로 존재를 배반한 의식을 가진 사람들이다.

한나라당 이재오 의원도 어느새 존재를 배반한 의식을 갖게 됐다. 즉 어느새 페미니스트로 진화했다는 얘기다. 이 의원은 애초부터 성인지적 의식을 뚜렷하게 갖춘 의원은 아니었다.

여성가족위 상임위 취재를 하면서 앞서 언급했던 채수찬, 박세환, 이재오 의원은 분명히 다른 남성 의원보다 훨씬 성인지적 의식을 가지고 의정 활동을 하고 있지만, 아이러니하게도 존재론적 차이에 의해 여성 의원들과 비교해 봤을 때 가장 뒤처진 성인지적 의식을 드러냈었다.

이와 관련, 대표적인 사례를 찾기 위해 2005년 6월 22일 여성가족위원회에서 성매매방지법 개정안을 심의하던 중 남성 의원과 여성 의원 간 설전이 벌어졌던 기억을 떠올려 봤다.

이재오 의원은 장하진 여성가족부 장관에게 "성매매 예방 교육을 실시한 것을 각 기관장에게 보고하면 되지 굳이 여성부 장관에게 보고해야 하느냐?"며 비판을 했다. 이재오 의원의 이 같은 용감한 문제 제기의 결말은? 여성 의원들에게 질타를 받았고, 언론으로부터도 질타를 받았다.

그랬던 이재오 의원이 어떻게 변했을까?

2005년 10월 8일 여성가족위원회 국감에서 이재오 의원은 영화 「너는 내 운명」을 보고 감상문을 제출하라면서 장하진 장관에게 영화를 통해 여성 문제 해결 방식에 대한 관점을 가지라고 조언했다. 이 영화는 다방 아가씨가 수혈을 통해 에이즈에 감염되고, 빚을 갚기 위해 성매매 집결지에 빠져 들게 되는 얘기다. 물론 에이즈에 감염된 다방 아가씨와 농촌 총각의 순애보가 이 영화 스토리의 중심축이지만 말이다.

존재를 배반한 의식을 가진 대표적인 의원을 꼽으라면 단연 이재오 의원을 꼽고 싶다. 그러나 의식이 존재를 배반하기 위해서는 그 의식은 아주 천천히, 느리게 진화한다는 사실을 잊지 말아야 한다. 바로 여성 문제를 해결해 나가는 과정은 아주 천천히, 느리게, 그리고 집요하게, 하지만 인내심을 가지고 존재가 의식을 배반하도록 남성을 설득하는 일이고, 존재가 의식을 이미 배반해 버린 여성을 설득하는 일이 될 것이다.

남녀 의원 연대는 가능하다

이은영 열린우리당 의원과 노회찬 민주노동당 의원의 연대를 보면서 '여성 운동'의 미래를 낙관해 본다. 속한 정당은 다르고 성별은 다르지만 해당 상임위원회가 '법사위원회'라서 이들은 자주 마주치게 된다.

삼성으로부터 떡값을 받은 검사 실명을 공개해 파문을 일으킨 노회찬 민노당 의원. 한국 사회에서 거대 권력 집단인 '삼성과 검찰'을 상대로 싸우는 노회찬 의원이지만, 그는 거창한 정치적 싸움과 대결에만 능한 것은 아니다.

노회찬 의원은 여성 문제에도 남다른 관심을 보이는 대표적인 친여성적 남성 의원이다. 2005년 3월 8일 세계 여성의 날에 장미꽃을 주변 사람들에게 주어 여성계에서 노 의원을 로맨티스트로 극찬한 애기는 유명한 일화다.

또한 노 의원은 2005년 8월 22일 호주제 폐지에 따른 새 신분 제도 도입과 관련, '목적별 신분등록제법'을 9월 초에 제출하기 위해 공청회를 열었다. 호주제 폐지에 따른 새로운 신분 등록 제도인 '목적별 신분등록제법'은 개인 정보의 유출 방지를 위해 신분 증명의 목적에 맞는 개인 정보만을 공개토록 하는 것이다.

이은영 의원도 역시 여성 의원으로서 누구보다도 '호주제 폐지'에 앞장섰다. 새로운 신분 공시 제도에 대해 고민했던 이은영 의원 역시 '목적별 신분

등록제법'에 찬성하는 입장이다.

호주제 폐지와 그 이후 새로운 신분 공시 제도 도입과 관련, 노 의원과 이 의원은 소속 정당과 성별을 뛰어넘어 같은 입장에 있다. 최근 이은영 의원은 '부부 강간죄'를 포함시키는 '성폭력 범죄 처벌 및 피해자 보호 등에 관한 법률 개정안'을 대표 발의했다.

노회찬 의원이 목적별 신분등록제법 입법을 위한 공청회를 열던 날. 같은 날 오전 이은영 의원은 '국가보안법 폐지의 역사적 당위성'을 주제로 한 토론회를 개최하고 있었다.

여성 의원이 '여성 문제'에 앞장서는 것은 보기 좋은 일이다. 남성 의원이 여성 문제에 함께 앞장서는 것은 너욱 보기 좋은 일이자 '아름다운 연대'다. 마찬가지로 반인권적이고 구시대 유물인 '국가보안법 폐지'에 대해 남성 의원이 앞장서는 것은 훌륭한 일이다. 여성 의원이 국가보안법 폐지에 앞장서는 것 역시 더욱 훌륭한 일이자 '훌륭한 연대'다. 분리주의적 접근이 아닌 '상생'의 관점에서 젠더 정치를 실천하는 프로젝트인 것이다. 여성 의원이 '여성 의제'에 깃발을 먼저 꽂는 것도 중요하고, 남성 의원에게 깃발을 꽂도록 뒤에서 밀어주는 것도 중요한 것 같다.

대변인 업무
수행 평가

전여옥 한나라당 대변인과 서영교 열린우리당 부대변인. 이들은 여성 정치인, 당내 홍보 역할, 기혼 여성, 이화여대 출신 등 공통점이 많다. 전여옥 대변인은 한나라당의 비례대표로 발탁된 의원인 반면, 서영교 부대변인은 민주당 시절부터 여성국을 시작으로 당직 활동을 해 왔다.

당내 홍보 역할을 담당하는 대변인 역할을 평가해 보자. 전여옥 대변인은 일부 한나라당 출입 기자를 투명 인간으로 취급한다. 인터넷 매체 기자들이 바로 전여옥 대변인에게 투명 인간에 해당한다. 공식적인 보도 자료나 취재 일정을 보내 주지 않으니, 비공식적 취재는 말할 필요도 없다. 하지만 서영교 부대변인은 국회기자실에 와서 열린우리당 출입 기자가 아닌 기자들에게도 열심히 인사를 한다.

서영교 부대변인과 전여옥 대변인 모두 기혼 여성이다. 그러나 이들에게 가족의 의미는 다르다. 2005년 3월 27일 연합뉴스 모 기자 블로그에 '전여옥의 주량'이라는 제목의 글이 올라왔다. 미국 LA한인타운 장현의 '미련'카페에서 수행 기자들과의 술자리에 참석한 기자가 올린 글인 듯싶다.

새벽 2시 30분쯤 잠자리에 들어 오전 6시 30분쯤 일어난단다. 그것도 시도 때도 없이 기자들한테 걸려 오는 전화에 그나마 잠도 설치는 모양이다. 기자들이 새벽에 전화하면 부부간의 사랑은 언제 확인하냐? 남편과 특히 초등학교 3학년인 막내아들이 있다는 것이 그렇게도 자랑스러운 모양이다. 글타!!! 바로 그거다. 전여옥한테 벤치마킹할 건 의원 되고, 대변인 되고, 논평 내고, 술 마시는 것이 아니라 남편에 대한 무한한 애정을 쏟는 것이다. 한국의 아줌마들이여!!! 특히 우리 마눌님!!! 하늘 같은 남편을 자랑스럽게 생각하고 오늘 일요일 아침, 늦잠 자지 말고 달걀 프라이라도 하나 부쳐 줘라.

글에 따르면 전여옥 대변인은 결국 한나라당 출입 기자를 '투명 인간'으로 만드는 업무 수행 역할에 대한 평가는 온 데 간 데 없다. 즉 논평을 내는 대변인의 행위보다 하늘 같은(?) 남편을 자랑스럽게 생각하는 일개 '부인'으로서 존경받고 있는 것이다.

한편 서영교 부대변인은 2005년 3월 27일 열린우리당 서울시당 선거에서 유인태 의원 1,218(1위), 김한길 의원 1,160(2위)에 이어 707표를 얻어 3위를 해서 서울시여성위원장에 당선됐다. 이번 선거에서 서영교 부대변의 남편인 장유식 변호사(참여연대 협동사무처장)는 선거 기간 중 차를 직접 운전해 주고, 선거 등록금 500만 원을 마이너스 통장을 만들어 지원해 주는 등 외조를 든든히 해 줬다고 한다. 이쯤 되면 선거날인 2005년 3월 27일 중학교 2학년 딸과 초등학교 3학년 아들이 서영교 부대변인인 엄마를 자랑스러워하며 선거용 피켓을 들 만하지 않은가?

임인배 의원의
'여성 비하' 발언 논란

여성이 남성에 의해 술자리에서 구타를 당했다. 이를 둘러싸고 '맞을 짓을 했겠지'라는 말이 서슴없이 나온다. 심지어 모 여성국 당직자가 비공식적으로 피해 여성이 아닌 가해 남성의 구명 작업을 한다. 정치적으로 같은 노선과 정파가 '여성 문제'보다 더 중요했기 때문이다. 1년 전 진보 정당인 민주노동당 내 술자리서 일어났던 여성 폭력 사건 때 일이다. 당시 분개했던 기억이 떠오른다. 세상에 '맞을 짓'이란 없다. 인간이 인간에게 가하는 그 어떠한 폭력도 정당화될 수 없다는 말이다. 그것은 단지 물리적 폭력뿐만 아니라 보이지 않는 폭력, 즉 언어폭력도 포함된다는 것이다.

연말 국회는 한 남성 의원의 여성 비하 발언에 대해 여성 의원들의 윤리위 제소로 맞대응하면서 막을 내리려나 보다.

2005년 12월 19일 국회의장실을 점거하고 있던 임인배 한나라당 의원이 의장실 여직원에게 욕설을 퍼부은 일이 벌어졌다.

한나라당이 사립학교법 개정안 통과에 항의해 김원기 국회의장실에서 열흘 가까이 농성을 벌이고 있던 중 임인배 의원이 "너희들 뭐 하는 XX들이야?" "의원이 있는데 어디서 못 들어온다고 해, 버르장머리 없는 X들." "싸가지 없는 X들." 등 욕설을 의장실 여직원에게 퍼부었다는 것이다. 그러나 임인배 의원 측은 "수행 비서가 보고서를 가지고 왔다가 (의장실에) 들어오지 못해 격앙된 상태에서 나가 보니 경위가 있기에 욕설을 했다."며 "들어오면서 비서실을 지나가며 혼잣말로 또 욕을 했는데 아마 비서에게 하는 말로 들린 모양이다."하고 해명했다.

이에 대해 조배숙, 김현미 의원 등 열린우리당 여성 국회의원은 다음 날인 20일 기자 회견을 열어 "임 의원의 발언은 국회 내 하위직 여성들에 대한 비하적 태도를 반영한 것"이라고 규정한 뒤 "임 의원의 모욕으로 정신적 피해를 낭한 국회 여직원들에게 공식적으로 사과할 것"을 촉구했다. 이와 함께 임인배 의원을 국회 윤리특별위원회에 제소할 것이라고 밝혔다.

이날 오후 다른 당 여성 의원인 나경원 한나라당 공보부대표는 브리핑에서 "어제 국회의장실 농성 중에 불미스러운 일이 있었다."며 "이러한 불미스러운 일에 대해서는 심심한 유감을 표시한다."고 사과를 표시했다. 하지만 "(나 공보부대표는) 사실상 의장실 소속의 비서진과 일일이 시시비비를 거론하는 것이 맞지 않은 것 같아서 구체적인 언급을 하지 않겠다."며 "그러나 언론 보도 과정에서 일부 왜곡되거나 일방적 주장이 과장된 것이 있기 때문에 이에 대해 심심한 유감을 표시한다."고 밝혔다.

임인배 의원의 '여성 비하 발언'은 남성이 여성에게 가하는 또 하나의 폭력인 건 분명하다.

김영주 의원의 '선택'

열린우리당은 2005년 11월 29일 비정규직 법안에 대한 노사 합의가 이뤄지지 않을 경우 여당 주도로 비정규직 법안의 처리를 강행하겠다는 입장을 밝혔다. 이 같은 정부와 여당의 비정규직법안 처리 강행에 맞서 민주노동당 지도부는 2005년 11월 28일 '비정규 권리 보장 입법 쟁취를 위한' 무기한 천막 농성에 들어갔고, 민주노총은 12월 1일부터 총파업에 돌입했다.

비정규직 법안을 둘러싸고 이목희 열린우리당 제5정조위원장은 여당을 대표하고, 단병호 민주노동당 의원은 민주노동당과 노동계의 입장을 대변하면서 맞서고 있는 양상이다.

불현듯 국회 환경노동위원회 위원 명단을 찾아봤다. 국내 최초 사무직 여성 노동자 출신의 국회의원인 김영주 열린우리당 의원과 한국노동연구소 소장을 역임했던 이목희 열린우리당 의원, 초대 서울지하철노조 위원장 출신인 배일도 한나라당 의원과 민주노총 위원장 출신인 단병호 민노당 의원 등. 그야말로 화려한 노동계 출신 인사들이 포진하고 있었다.

그러나 그들의 비정규직 법안에 대한 입장은 다르고, 법안 가결에 대한 선택도 다를 것이다. 비정규직 문제의 해법으로 어떤 선택이 옳은지는 그들이 대변하는 사회 세력의 이해에 따라 달라지는 것이 당연하다.

다만 현재 비정규노동자의 70% 이상이 여성 노동자라는 통계치만이 여성 의원들의 긴장과 각성을 요구하고 있다.

YH 노조위원장 출신인 최순영 민주노동당 의원이 2005년 11월 29일 경찰청, 조달청, 국세청 등 13개 공공 기관에서 근무하는 여성 비정규직 실태를 발표한 것은 시사하는 바가 크다.

여성 비정규직의 71.7%가 고용 불안을 느꼈고, 전체 97.8%가 근무 중 육아 휴직을 사용하지 못했으며, 이들 중 78%는 직장을 잃을 염려 때문에 모성 보호 휴가를 사용하지 않는다고 답했다. 특히 89.6%의 비정규직 여성이 성희롱이 벌어져도 그냥 참는다고 응답해 충격을 주고 있다. 또한 이들의 57%가 설거지, 차심부름 등 성차별적 업무 또는 상사의 자녀 책 사오기 등 사적인 업무를 하고 있다고 한다.

환경노동위원회에 소속된 여성 의원인 김영주, 장복심 의원. 이들을 포함해 여성 의원들의 비정규직 법안에 대한 선택이 주목된다. 12월 정기국회에서 비정규직 법안이 어떻게 처리되든 간에 여성 비정규직 노동자들에겐 매섭고 추운 겨울이 될 것이다.

호랑이 잡으러 간 여성 정치인

2005년 4월 6일 이미경, 김혁규 의원이 열린우리당 지명직 상임중앙위원이 됐다. 이미경 의원은 한국여성단체연합 대표로 당시 민주당 비례대표 의원으로 정치에 입문, 이후 민주당과 신한국당이 합당하면서 신한국당 소속 의원이 된다. 그러나 1999년 환경노동위원회에서 신한국당 당론을 거스르고 노사정위원회법 찬성 표결을 하면서 '왕따'를 자처했다. 당시 이미경 의원은 여성 정치 참여 확대를 위해 여성 운동을 하는 시민 사회 영역에서 의회 정치라는 제도권으로 그 영역을 옮긴 것이다.

이미경 상임중앙위원은 열린우리당 내 여성 정치 참여 확대를 위해 선배 의원으로서 책임 있는 역할을 해야 할 것이다. 이미경 의원을 포함한 당내 여성 정치인들은 여성 정치인들의 당직 안배를 위한 '제도'를 도입하도록 노력해야 한다. 민주노동당 최고위원 선출 방식은 프랑스의 '남녀동수공천법'처럼 여성과 남성을 일대일 비율로 뽑는데, 열린우리당 여성 정치인은 이러한 제도 도입을 참고할 만하다.

2005년 2월 28일 밤. 이계경 한나라당 의원은 법사위에서 호주제 폐지를 골자로 하는 민법 개정안이 통과되던 날 감격의 눈물을 흘렸다. 이날 기자에게 호랑이 굴에 들어가야 호랑이를 잡을 수 있다는 말이 있다며 한나라당 내에서 여성 관련 이슈를 적극적으로 정책화하겠다고 밝힌 바 있다. 그의 장담처럼 이계경 의원은 국회 내 여야 의원 84명이 참여한 '양성평등포럼'을 창립하는 데 주도적 역할을 했다.

이계경 의원은 소속 상임위원회를 여성위원회에서 예산결산위원회로 옮겼다. 이와 관련, 이 의원실 한 보좌관은 이계경 의원이 해당 상임위원회를 옮기는 것에 대해 여성 문제를 뒤로 하려는 것 아니냐는 단선적인 비판보다는 '성인지적' 예산 결산 심의를 위해 옮기는 것이니까 계속 지켜봐 달라고 설명했다.

이미경 의원과 이계경 의원 모두 여성계 지분을 얻고 비례대표로 정치에 입문한 대표적인 여성이다. 그들이 현재 소속된 정당이 달라서 그들의 당내 역할과 과제는 다를 것이다. 하지만 그들이 속한 정당과 무관하게 '호랑이를 잡으러 호랑이 굴에 들어간다'는 말처럼 그들에게는 '양성평등 과제'라는 사명감이 '여성 정치인'이라는 레테르와 함께 새겨진 셈이다.

헌법재판관 청문회장
여성 의원 4인 4색

국회 인사청문특위(위원장 김영선)가 2005년 7월 4일 조대현 헌법재판관 후보 인사 청문회를 열었다. 이날 여야 구분 없이 여성 의원들의 활약이 어느 때보다 돋보였다. 김영선, 박찬숙, 이경숙, 장향숙 의원 등은 모두 소수자를 위한 개혁성에 집중 질의를 해서 4인 4색을 보였기 때문이다.

가장 먼저 질의를 한 박찬숙 한나라당 의원은 "열린우리당 추천 사유에서 보면 조 후보가 '개혁적 인사'라는 내용이 들어 있다."면서 "하지만 법원노조는 지난 2005년 6월 22일 조 후보에 대해 사회적 약자를 위한 판결보다는 보수적 판결을 많이 했다는 성명을 냈다."고 언급하며 문제를 제기했다. 조대현 후보가 다른 판사들에 비하면 상대적으로 개혁적인 인사일 수도 있지만, 법원 내에서 판사가 아닌 신분으로 일하는 사람들의 눈높이에서 평가해 봤을 때는 결코 개혁적이지 않다는 얘기다.

문화관광위 소속인 이경숙 의원은 "서울 고법 부장판사 시절인 2004년도 조선일보 방상훈 사장이 증여세와 법인세 포탈 및 횡령 혐의로 구속 기소됐다가 보석으로 풀려난 뒤 항소심에서 1심인 징역 3년형에 집행유예 4년 벌금 25억 원으로 그 형량을 낮춰 판결을 했냐?"고 질문했다. 이는 서울지법 형사합의 30부(부장판사 오세립)가 2002년 9월 방상훈 사장에게 징역 3년 벌금

56억 원을 선고한 1심보다 낮은 형량이다.

인사 청문회 중간에 조대현 후보의 '코드 인사', 특히 노무현 대통령 탄핵 시 대리인 측 변호사였던 점 등을 들어 여야 의원 간 고성이 오가는 가운데 좌장으로서 제대로 된 역할을 한 것은 김영선 위원장이었다.

조대현 후보에 대한 여야 간 공방이 오가자 김영선 위원장은 "조대현 후보에 대해서 각자 판단하고 국민의 몫도 남겨 두자."며 고성을 막았다. 장향숙 열린우리당 의원은 "현재 우리나라에서 불법 체류하고 있는 외국인 노동자 20만 명의 노동 3권이 보장돼야 하는가?"를 물었다. 이에 대해 조 후보는 "불법 체류가 불법이라도 그 사람들의 노동 행위가 불법 행위는 아니다."라고 답하면서 불법 체류자의 노동 3권 보장에 대한 입장을 밝혔다.

여성 의원들은 이날 조 후보가 소수자를 대변할 수 있는 헌법재판관인지를 검증하는 데 큰 역할을 했다. 왜냐하면, 조 후보가 이후 헌법재판관으로 임명돼 이와 같은 소수자 문제에 대해 위헌 소송 논란에 휩싸였을 때 그는 '소수자를 대변하는 질의와 답변이 오갔던 인사 청문회'를 기억해야 할 것이기 때문이다.

나라 살림꾼 '여성 의원'

　국회는 지난 2005년 8월 16일부터 상임위별로 2004 회계 연도 결산심사회의를 열었다. 국회가 각 부처의 예산 집행 실태를 점검하는 시간이다. 입법부가 '나라 살림'을 잘했는지 못했는지를 검토하는 자리인 것이다. 그렇다면 나라 살림꾼인 여성 의원의 활약을 살펴볼까?

　문화관광위원회에서 강혜숙 열린우리당 의원은 "지난해 문광부의 인건비 부족으로 37억 원을 전용했다."며 "이 가운데 71%인 26억여 원이 공립 박물관 건립 사업비 등으로부터 충당됐다."고 꼬집었다. 이와 함께 문화부의 사업비에서 인건비 부족분을 전용했음에도 사업 계획 추진에 차질이 없었다면 애초 예산이 과다 편성된 것이라고 지적했다.

　한나라당 박찬숙 의원은 "매년 반복되는 지적에 지겹도록 반복되는 답변을 올해도 듣게 되는 것 아닌가?" 하고 운을 뗀 뒤 "2004년도 지방 자치 단체 국고보조금 반납액 중 사업 계획 취소로 인한 것이 반납액 전체의 56%를 차지한다. 이는 무분별한 지자체 사업 계획안에 대해 면밀한 검토 없이 문광부가 지원한 것 아닌가?" 비판했다. 박 의원은 "혈세 낭비에 대한 책임을 물어야 한다."면서 "이에 대한 벌칙은 3년 이하의 징역, 200만 원의 벌금인데 관계자 처벌을 했냐?"고 따져 물었다.

　　민주당 손봉숙 의원도 "문광부는 문화 관련법 위반에 대한 과태료 16억 원에 대한 미수납액을 걷어야 한다."고 지적했다. 2004년 문화예술진흥법, 음반·비디오 및 게임물에 관한 법률, 관광진흥법, 영화진흥법 등 위반에 대한 과태료 징수 결정액 16억8,800만 원 중 수납액은 7,300만 원에 불과해 징수 결정액의 95.7%인 16억1,500만 원이나 미수납되었다. 또한 지방 자치 단체와 추진 중인 문화 관련 사업의 수행률 역시 저조한 것과 문광부 정원 별도의 인원인 104명을 고용해 이에 따른 인건비를 전용한 것 등을 지적했다.

　　2005년 8월 17일 교육위원회 결산 질의에서 민주노동당 최순영 의원은 "서울대가 2000~2004년 전국 국립대에 지원된 BK21 예산 4,886억 원 가운데 60.4%인 2,949억 원을 독식했다."며 정부의 서울대 중심 지원을 비판했다. 정부의 '서울대 몰아주기'식 지원은 오히려 국내 대학의 경쟁력을 약화시키고 있다는 것이다.

　　이쯤 되면 여성 의원들을 '나라의 살림꾼'으로 평가해도 될 만하지 않은가?

부동산 투기 안 해야
여성 각료 많아진다

청와대 균형인사비서관실이 2005년 7월에 작성한 'OECD 국가 지도자 분석' 보고서가 화제다. 가장 눈에 띄는 것은 여성 각료 비율도 5.0%로 경제협력개발기구(OECD) 평균 25.7%에 크게 못 미친다는 점이다.

두 번째는 우리나라 내각 평균 연령은 56.8세로 OECD 국가 각료 평균 연령 52.7세보다 고령이라는 점이다. 참고로 각료 평균 연령의 고령화는 OECD 30개국 중 스위스(62세), 이탈리아(59.6세), 일본(59.2세), 미국(57세), 한국(56.8세)순으로 높았다.

보고서는 아울러 고위 공직자의 주요 덕목으로 도덕적 기준이 가장 중요해지고 있으며, 특히 부동산 투기와 관련한 검증의 중요성을 지적하기도 했다.

이 보고서가 여성 정치인에게 던지는 메시지는 무엇일까? 여성 국회의원 비율이 13%. 그러나 여성 각료 비율이 5.0%밖에 안 된다는 것은 아직도 여성 정치 운동의 '참여 전략'이 유효하다는 것을 의미한다. 고위 공직자의 주요 덕목으로 도덕적 기준이 중요해지고 있다는 점은 여성들에게 유리한 측면이다.

특히 17대 국회의원 폭행 사건. 박계동 의원 사건에서부터 거슬러 올라가, 곽성문, 김낙순, 김태환 의원 사건 등에 이르기까지 남성 국회의원들의 술

문화로 벌어지는 폭행 사건과 도덕 불감증. 남성 의원들의 음주 폭행 사건은 남성의 서열을 중시하는 권위주의 문화, 그리고 비공식적 접대 문화와 무관치 않다.

그러나 보고서의 마지막 부분인 부동산 투기 문제는 결코 여성 정치인이 유리하다고 볼 수 있는 부분이 아니다. 우리나라 최초의 여성 총리가 될 뻔 했던 장상 후보. 인사청문회서 부동산 투기 의혹으로 결국 최초의 여성 총리가 되는 것을 좌절당했다. 전여옥 한나라당 대변인의 일산 전원주택 투기 의혹도 그렇다. 앞으로 여성 국회의원과 여성 각료가 많이 나오기 위해서 여성 공직자들의 '부동산 투기', '주식 투자' 등 재산 형성 과정이 투명해야 할 것이다.

X파일에 여성이 등장하지 않은 이유

옛 국가안전기획부(현 국가정보원)의 도청과 이른바 X파일 논란으로 야 3당은 특검을 요구하고 나섰다.

세계 초일류 기업임을 자임하고 나선 삼성은 '사실의 진위 여부를 떠나서'라는 전제를 달긴 했지만 대국민 사과를 했다. 홍석현 주미대사도 미국 특파원들을 모은 기자간담회 자리에서 '용서를 구한다'며 사과를 하기에 이르렀다.

세계 초일류 기업 삼성과 세계 최고 신문을 꿈꿨던 중앙일보의 자존심이 무너지는 순간이다. 한동안 정치권은 X파일 후폭풍에 휘말릴 것으로 보인다. 게다가 각 정당은 X파일이 내년 지방선거와 대선에 미칠 이해 득실을 따지는 데 바쁘다.

국회를 강타하는 빅뉴스인 X파일 사건을 보면서 여성주의적인 접근을 어떻게 해야 할까 고민이 되었다. 왜냐하면 사건 파일 속에 여성이 주체로 등장하지 않기 때문이다. 그러나 다시 생각해 보니 X파일에 여성이 등장하지 않는 사실, 바로 그 지점이었다.

'권언 유착의 고리 속에 여성은 없다.' 대선이든 총선이든 권력을 잡기 위해 우리 사회에서는 모종의 음습한 뒷거래가 이뤄져온 것이 사실이다. 이러한 부패의 사슬 구조 속에 여성은 들어가지 않은 것이다. 여성 운동계에서 흔히들 여성의 정치 참여가 많은 국가일수록 국가 청렴도 지수가 높다는 경제협력개발기구(OECD) 통계를 자주 인용한다.

또한 권언 유착의 부패 구조는 바로 정치의 공식 문화가 아닌 비공식 문화가 주요 메커니즘으로 작동돼 왔다는 방증이다. 그러나 여성은 술자리 등을 통한 정치권 무대 뒤에서 벌어지는 비공식 문화에 취약하다. 하지만 역설적으로 정치 투명성이 높아질수록 여성의 정치 참여가 높아질 수밖에 없다.

소심과
세심 사이

국회의원은 성별에 따라 의정 활동에 차이가 날까? 2005년 상반기 국회가 끝나갈 무렵에 문득 떠오른 생각이다.

특검을 두 번이나 받게 되는 정치인으로 역사에 기록될 이광재 열린우리당 의원. 그의 속내는 어떤지 모르지만 그를 둘러싼 엄청난 의혹과 진실 규명 논란이 있는 와중에 자신은 억울하다며 기자 회견을 자청하는 당당함을 보였다. 이광재 의원의 진실에 대해 시민 사회 여론도 지지와 반대로 갈린다.

주성영 한나라당 의원은 2005년 6월 29일 국회 본회의장에서 "징계 사과가 무슨 과일 이름이냐?" 말하면서 되레 국회 윤리특별위원회를 비판했다. 주 의원은 지난해 정기국회 당시 열린우리당 이철우 의원에 대한 '간첩' 발언으로 윤리특위에 제소돼 '본회의에서 사과' 결정을 받았는데, 정작 본회의장에서 사과를 해야 할 그가 불만을 표시한 것이다.

그러나 여성 의원들 중 상임위원회나 본회의장에서 말싸움이나 입씨름을 하는 것은 좀처럼 보기 힘들다. 기자는 일부러 여성 의원이 많은 상임위원회 취재를 하는데, 좀처럼 여성 의원의 말싸움은 찾기 힘들다. 물론 그런 말싸움을 발견하면 신이 나서 기사를 쓰지만 말이다.

채수찬 열린우리당 의원은 여성위원회 회의에서 '딴소리'를 하는 것으로 유명하다. 물론 그는 호주제 폐지를 골자로 한 민법 개정안 통과에 도움을 준 친여성적 남성 의원임은 분명하다. 그러나 그는 반여성적 남성 의원은 아니지만, 가끔 혹은 자주(관점에 따라서는 자주일 수도 있다) 몰여성적 시각을 보일 때가 있다.

이은영 열린우리당 의원도 지난 6월 29일 국회 윤리특위에서 경고 결정을 받았다. 하지만 다른 의원과 달리 윤리특위에서 자신을 제소한 이강두 한나라당 의원과 화해·중재를 몇 번 시도한 것으로 알려졌다.

또 각종 상임위원회나 특별위원회에서 질의 순서가 정해져 있지 않을 때 대체로 여성 의원은 남성 의원에게 발언 기회를 양보한다.

몇 장면을 자주 접하면서 여성 의원이 소심한 건지, 아니면 세심한 건지 모호할 때가 있다. 이것도 의정 활동을 하는 데서 보이는 여성과 남성 의원 간 성별 차이로 해석할 수 있겠다. 세심과 소심의 경계는 어디일까?

최순영과 황산성의 '눈물'

유신 체제를 무너뜨린 YH 사건의 주인공, 강단 있는 여성 노동자에서 정치인이 된 최순영 민주노동당 의원이 2005년 4월1일 기자 회견을 하면서 눈물을 보였다. 이날 조선일보는 1면 톱기사에서 최 의원의 '위장 전입과 땅 투기' 의혹을 제기했다. 최 의원은 기자 회견에서 상기된 얼굴로 조선일보 보도에 대한 반론을 적극적으로 펼쳤다.

그동안 남편에 대한 언급을 꺼려 왔던 최 의원은 이날 처음 남편의 병명까지 거론하며 눈물을 글썽였다. 그가 밝힌 내용은 "경기도 양주군 교현리에 불치병인 남편을 살리기 위해서 비닐하우스에서 농사를 짓고, 과거 노동 운동을 함께하며 고생하던 언니들과 생태 공동체를 실현하기 위해 2층 집을 짓게 됐다."는 것이다. 물론 건물 1층에는 노동 운동을 함께 하던 박모 씨가 현재 살고 있다고 말했다.

여기서 조선일보가 여성 정치인을 울린 사례를 하나 더 소개하겠다. '눈물 장관', '울보 장관'이란 별명을 얻고 단명한 황산성 전 환경부 장관(1993년 2월 12월)은 취임 후 첫 기자간담회에서 조선일보 기자와 사적인 언쟁을 벌였다.

"왜 이혼하셨나요?"

"질문하신 기자는 어디 소속인가요?"

"조선일보입니다."

"대 조선일보 기자가 그런 질문밖에 할 수 없나요? 나는 이미 월간지 등에서 다 말했어요. 월간지 사서 보세요."

이날 황 장관은 눈물을 보였다고 한다. 당시 황 장관의 행태에 대해 언론은 '공인들이 자기감정을 얼마나 잘 추슬러야 하는지에 대한 전형'이라며 비판을 가했다.

하지만 단순히 여성 정치인이 감수성이 예민하다거나 감정 조절을 못한다는 평가는 어딘지 부족해 보인다. 그보다는 언론 권력이 흔히 자신을 과시라도 하듯 여성 정치인에게 무지비하게 행사된 전형이라고 설명하고 싶다.

17대 국회에서는 눈물을 흘리는 여성 정치인이 더는 나오지 않길 바란다. 하지만 그보다는 '눈물'을 숨기고 포커페이스를 보여야 살아남을 수 있는 정치판이 '눈물'이라는 비언어적 행위도 통용될 수 있는 투명하고 인간적인 곳으로 바뀌었으면 한다. 눈물을 흘려본 사람이 눈물을 닦아 줄 수 있다는 말도 있지 않은가?

여성 정치인의 위험 지대, 스캔들

국회에 출입한 지 어언 8개월. 국회에 출입하기 전부터 국회 내 스캔들은 입에서 입으로 전해져 왔기 때문에 기자로서는 그 진위 여부가 궁금했다. 사실 스캔들의 진원지는 '정보지'(이른바 찌라시)와 기자들의 입이다. 정보지 역시 결국 기자들이 만드는 것이니까 결국 스캔들을 만들고 키우는 일등공신(?)은 기자들인 셈이다.

모 일간지가 만드는 정보지를 받아 봤을 때, 그곳 역시 정치인과 기업인의 남녀 관계에 관한 갖가지 소문들이 빠지지 않고 들어 있었다. 여성 의원과 여성 보좌관, 여성 기자들을 둘러싼 소문. 최근 국회 내 몇 가지 스캔들이 다시 떠돌았다. 이를 접했을 때 국회를 출입하는 여기자로서 너무 화가 났다. 아무래도 여기자끼리 뭉쳐서 공동 대응을 해야 하는 것 아닌가 하는 생각까지 했다.

이른바 '연예인 X파일' 사건이 터졌을 때 '개인 정보 보호권과 사생활 보호권' 등이 다시 중요한 화두로 떠올랐다. 국회를 출입한 이후 스캔들의 진위 여부엔 관심이 없어졌다. 사실을 규명하기도 어렵거니와 악성 루머가 많다는 것을 알았기 때문이다. 국회 내 스캔들에도 '가해자와 피해자' 구조가 존재한다. 소문을 만든 주체는 남성, 소문의 대상은 여성이다. 스캔들의 주인공은 분명히 '남녀'인데, 그곳에 등장하는 여성만이 피해자로 남게 된다는 것이다. 몇 년 전 16대 모 국회의원과 스캔들에 연루됐던, 미국에 살던 여성의 자살 소식은 여성 담당 기자였던 나에게는 충격이었다. 아주 우연히 최근 그 여성의 사건을 담당했던 변호사를 만나, 그 사건의 진위를 가장 근접 거리에서 들을 수 있었다. (여기서 그 전모는 생략한다.)

그 여성은 자살하기 직전 새벽 3시에 그 변호사에게 전화를 걸어 "귀신이 되어서라도 (그 남성 의원을) 쫓아가서 괴롭히겠다."는 말을 남겼다는 것이다. 그 남성 의원은 미국에 살던 그 여성을 '꽃뱀'으로 몰아 버리고, 그 여성의 말은 아무도 믿어 주지 않아서 결국 그녀는 '삶을 포기함'으로써 자신의 진실을 밝히고 싶었던 것 같다. 재미 변호사는 "이 사건을 통해서 한국의 여성 문제가 얼마나 심각한지를 알게 됐다."고 전했다.

국회 내 스캔들, 국회 내 여성 문제 역시 정치력의 싸움이다. 정치력이 있는 사람이 자신의 가해 행위를 피해 행위로 둔갑시키는 것, 그것이 바로 국회 내 스캔들의 숨은 공식인 것이다. 왜? 남녀 관계는 제3자가 존재하지 않아 증거 불충분인 경우가 허다하기 때문이다.

정치와 사랑에 빠진 나이 지긋한 아줌마 한 분이 문득 떠오른다. 내가 황순영 씨를 만난 것은 2003년으로 거슬러 올라간다. 여성 평화 운동 단체가 주최하는 토론회에 취재를 갔는데, 뒤풀이 자리에서 그녀를 만났다. 황순영 씨는 평범한 주부라고 자신을 소개했는데, 평화, 여성, 환경 분야에 관심이 많은 듯했다. 이후 몇 번 더 그녀를 만났는데, 그녀는 「환경정의시민연대」 회원 모임인 '다음을지키는사람들'(주로 주부들이 생태환경유기농 먹을거리를 고민하며 활동하는 모임), 「평화를만드는여성회」에서 회원으로 활동하고 있었다.

그녀의 살림이 그리 넉넉한 것은 아니다. 남편과 함께 시골에서 상경해서 서울 성북동에 집 한 칸을 마련해, 부부가 손수 나무와 벽돌로 집을 짓고 살고 있다. 그녀는 오십대 후반이 돼서야 먹고사는 걱정을 하지 않아도 되었다. 그래서 한 가지 결심을 한다. 바로 시민 단체 활동을 하기로 한 것이다. 그녀는 자신의 관심 분야를 찾고, 그에 맞는 시민 단체를 선택해 회원으로 가입해서, 회원 모임에도 나가고, 자원 활동도 부지런히 하고 있다. 나는 황순영 씨야말로 '여성이 정치와 사랑에 빠진 전형'이라고 강조하고 싶다.

전신애 미국 노동부 차관보는 2005년 7월 여성가족부가 주최한 '한민족세계여성네트워크' 행사에 참여했다. 그녀는 미국에서 화려하게 성공한 여성이었다. 그것도 세계의 중심인 미국에서 고위 공직자 자리에 올라간 그녀. 하지만 성공 스토리는 예상보다 소박했다. 애초부터 커리어 우먼도 아니었고, 청운의 꿈을 품

도전하다

고 미국으로 건너간 것도 아니었다. 1965년 이화여대를 갓 졸업한 전씨는 집안에서 동성동본인 남편과의 결혼을 반대하자, 남편을 따라 미국으로 건너간다. 그녀는 한동안 미국에서 주부로 심심하게 살았다. 아이를 낳고 키우면서, 지역 미식축구부 모임에 나가 활동을 하게 된다. 이후 지역 활동을 통해 소수자(마이너리티) 우대로 발탁돼 미국 노동부 차관보 자리까지 올라갔다. 물론 미국 대선에서 공화당 후보인 부시를 지지해, 미국 노동부 차관보에 발탁된 것이다. 전신애 차관보의 성공담 속에 숨어 있는 진실은 무엇일까?

정치란 아주 평범한 가정주부가 그렇게 자연스럽게 시작할 수 있는 것이다. 애초부터 정치인이나 고위 공직자가 되는 꿈을 꿀 수도 있겠지만, 동네 미식축구 모임을 돕다가, 혹은 장애인 단체 봉사 활동을 하다가 자연스럽게 빠져 드는 게 정치라는 것이다.

마치 평소 늘 품어 왔던 '이상형'의 이성 스타일이 있지만, '사랑'에 빠져 드는 과정은 자신의 이상형을 찾는 목적의식적인 행동이 아닌, 이상형과 무관한 상대이지만, 자연스럽게 그 상대와 사랑에 빠져 드는 것처럼 말이다.

여성이 정치와 사랑에 빠지기 위한 여러 가지 실험과 도전을 어떻게 할 수 있는지에 관해서 얘기를 꺼내려고 한다. 직접 정치인으로 나설 수도 있고, 좋아하는 정치인을 도울 수도 있다. 자신에게 맞는 방식으로 사랑에 빠지면 될 것 같다.

정치와 사랑에 빠지는 다섯 가지 방법

사랑을 하려면, 가장 먼저 사랑을 하려고 마음먹는 게 중요하다. 그렇지만 사랑을 하겠다는 목표를 세웠다고 사랑이 획득된다면, 그것은 어쩌면 사랑이 아닐지도 모르겠다. 그냥 사랑은 물 흐르듯이 자연스럽게 내 인생 어느 시점에 흘러서 스며들어 오는 것이 아닌가.

마찬가지로 정치와 사랑에 빠지기 위해서는 '정치를 사랑해야지'라는 목적의식적 행위도 좋지만, 나는 오히려 물 흐르듯 자연스럽게 정치와 사랑에 빠질 것을 권하고 싶다. 사랑에도 다양한 차원이 있듯이, 정치와 사랑에 빠지는 차원도 다양하다. 내가 직접 정치인이 될 수 있고, 내가 좋아하는 정치인을 도울 수도 있다. 어떠한 사랑이 더 아름답다거나 옳다는 가치 판단을 누구든 쉽게 할 수 없듯이, 여성이 정치와 사랑에 빠지는 다양한 차원은 자신에게 맞는 것을 선택하면 될 것 같다. 다만 내가 원하는 방식, 혹은 내가 불편하지 않은 방식으로 정치와 사랑에 빠지는 게 좋을 것 같다.

하나, 관심 분야 정하기

평소에 관심이나 흥미를 느끼는 분야가 무엇인지를 생각해 보자. 너무 막연하다면, 평소 즐겨 보는 텔레비전(뉴스, 드라마 등) 프로그램을 떠올려도 좋다. 아니면 영화 장르나 독서 장르를 생각해도 좋다.

뉴스를 볼 때, 가정 폭력 문제나 이혼 문제에 눈이 커지거나 귀가 번쩍 뜨인다면 당신은 여성 문제에 관심이 많은 것이다. 인터넷을 자주 이용한다면, 인터넷을 이용할 때 어느 분야를 자주 클릭하게 되는지? 부동산이나 홈쇼핑을 즐기는 사람이라면, 당신은 경제 분야에 관심이 많은 사람이다. 연예인이나 스포츠에 관심이 많다면, 당신은 '문화 예술' 분야에 관심이 있는 사람이라고 볼 수 있다.

우리 몸에 단백질, 탄수화물, 지방, 비타민 등 다양한 영양소가 필요하듯 정치란 유기체와 같아서 다양한 사람들이 모여서 만들어 가는 것이기 때문에 한 사람이 모든 분야의 전문가가 될 수는 없다. 다만 한 사람마다 전문성이 있는 분야를 갖는 것은 필수다.

모든 분야에서 뛰어난 정치인이 될 수는 없다. 다양한 분야 중 특히 한 분야, 즉 자신이 관심 있는 분야를 특히 더 잘한다면, 그것으로 훌륭한 정치인이 될 수 있는 충분한 자격을 갖췄다고 볼 수 있다. 정치인은 전인적 인격체여야 하지만, 동시에 특정한 분야의 전문가이어야 한다. 전문성이 모자라는 정치인은 관료들을 통제하거나 관리할 수 없게 마련이다. 정치인이 관료들에 의해 좌지우지되고, 혹은 민주주의가 훼손되는 것도 정치인의 전문성 부족에서 비롯된다는 지적도 있다. '알아야 면장을 한다'는 말도 있지 않은가?

일단 예산, 여성, 환경, 소비, 교육, 노동, 경제, 문화 등 관심 있는 분야를 정하고, 그 분야의 자료를 찾아서 공부해 보자. 당선 후에 상임위원회 활동을 하는 데 큰 도움이 될 것이다.

정치인이 직접 될 생각이 없다면, 관심 있는 분야의 정치인에 대해 지지와 후원을 하기 위해서도 알아야 한다. 아무 정치인이나 지지할 수는 없다.

둘, 시민 단체와 놀기

언론이 '제4권력'이라는 말에 빗대어, 시민 단체는 '제5권력'이라는 말이 등장한다. 하지만 정작 시민 단체 사람들을 만나 보면, 권력 지향적이거나 권력형 인간형들이 그리 많지 않다.

왜 그럴까? 그것은 시민 단체 사람들의 활동이 결과적으로 '권력'을 바꾸는 일을 하기 때문에 결과적으로 '권력'이 형성된 것처럼 보이는 것이지, 애초부터 자신들이 권력을 가지려고 하거나 권력을 만들기 위해서 노력한 것은 아니기 때문이다.

정부, 기업, 언론 등이 잘못한 일이 있다면, 이들은 모두 시민 단체의 눈치를 보게 된다. 시민 단체는 정부, 기업, 언론, 정치에 대해 감시하는 활동을 하거나 환경, 생태, 여성, 인권 등 다양한 사회 문제를 포괄하기 때문에, 각각의 시민 단체 영역은 사회 모든 분야를 모두 포괄하고 있다.

따라서 세상에 대해서 아는 것이 없거나, 세상에서 일어나는 사건에 대해서 더 가까이 다가가서 알고 싶다면, 바로 그 속으로 들어가야 한다. 그런데, 내가 주부라면, 내가 직장인이라면 정부, 기업, 언론 활동에 직접 참여하기는 어렵다. 그곳은 자원 활동가나 일반 개인이 참여할 수 있는 구조를 만들어 놓지 않았기 때문이다. 하지만 시민 단체는 그렇지 않다. 시민 단체는 시민들의 회비로 운영되며, 시민들의 자발적 참여가 그 기본 원리로 돼 있다.

따라서 일단 인터넷으로 시민 단체를 검색해 본다. 시민 단체 홈페이지가 마음에 들거나, 아니면 하는 일이 마음에 들거나, 혹은 아는 사람이 시민 단체에서 활동하고 있거나 등등 다양한 인연에 따라 자신이 맘에 드는 시민 단체에 회원으로 가입하는 일이 가장 먼저 할 일이다.

시민 단체에 가입하고 월 5천 원 정도의 회비를 내면서, 시민 단체 활동에 조심스럽게 문을 두드려 보자. 시민 단체는 내가 내는 월 5천 원의 비용보다 훨씬 더 많은 것을 줄 것이다. 시민 단체 회원들 간의 친목도 중요한 재밋거리다. 또한 시민 단체에서 하는 회원 교육은 세상 돌아가는 이치나 내용을 이해하는 데 주요 소스가 될 것이다. 그리고 시민 단체에 참여하는 각계 전문가들을 만날 수 있는 기회도 제공받을 수 있다. 바로 '1석 3조'의 효과다.

셋, 당원이 되기

정당에 대한 거부감이 없는 당신이라면, 처음부터 당원이 되는 것도 한 방법이다. 우리 사회는 열린우리당, 한나라당, 민주당, 민주노동당, 자민련, 국민중심당, 초록정치네트워크, 사회당 등 다양한 정당과 정치 세력들이 존재한다.

인터넷으로 정당 검색을 한 후, 정당의 정책이 자신의 생각과 일치하는 곳을 선택한 뒤, 당원으로 가입하면 된다. 당비는 열린우리당·한나라당·민주당은 월 2천 원, 민주노동당은 월 1만 원(학생 당원은 월 5천 원), 초록정치네트 워크는 월 5천~1만 원이다.

개정된 정치자금법에 의하면, 당비를 내면 연말 정산에서 소득 공제를 받을 수 있다. 당비를 내는 당원수가 부족한 정당의 입장에서는 당비를 내는 당원이 증가하는 일은 환영할 만하다.

그 다음에는 각 정당의 여성국이나 각 지역위원회 홈페이지 들어가서 그곳 사람과 전화 통화를 하거나 메일을 보내라.

그것이 부담스럽다면, 각 정당에서 하는 다양한 행사(토론회, 세미나, 집회, 영화시사회 등)에 참여해도 좋다. 아직은 아무도 자신을 모르겠지만, 각 정당에서 하는 행사에 직접 참여한 뒤 그곳에서 일하는 사람들의 표정, 인상, 성격, 지향 및 가치관 등을 보고 정당을 선택해도 될 것이다.

넷, 자원 활동하기

시민 단체나 정당과 친해졌다면, 이제는 사회와 친해야 할 단계다. 시민 단체나 정당에서 진행하는 자원 활동도 괜찮다. 아니면 종교 단체나 기타 자원 활동 단체나 정치인 후보자 선거 캠프에서 자원 활동을 경험해도 괜찮다.

보수를 받지 않고 특정 가치나 목표를 위해 일해 본 경험은 인생을 살면서 소중한 경험이 될 것이다. 보수를 받는 일은 이 세상 사람들이 모두 하는 일이지만, 보수를 받지 않고 하는 자원 활동은 이 사회에서는 꼭 필요하나, 이 세상 사람들이 흔쾌히 하고 싶어 하는 일이 아닐 가능성이 크다.

다섯, 기다리기

‘사랑은 기다리게 하는 것이 아니다’라는 광고 카피가 요즘 텔레비전에서 유행한다. 그러나 ‘사랑은 기다리게 하는 것이고, 기다릴 수 있는 것이 사랑’이라고 말하고 싶다. 사랑의 실패 역시 기다리지 못했기 때문에 일어났다고 생각한다. 가끔 그런 생각을 한다. “만약 내가 그때 더 기다렸더라면……” “만약 내가 그때 만났더라면……” 하지만 결론은 기다릴 만큼 그 사랑의 깊이가 깊지 못했다는 것이다. 물론 자기 합리화일 수도 있다. 혹은 사랑의 상처를 치유하기 위해서는 필요한 합리화 과정일지도 모른다.

정치와 사랑에 빠지려면 당연히 기다려야 한다. 정치인이 되고자 열망한다고 하더라도, 타이밍이 중요한 것이다. 만약 2004년 3월 24일 노무현 대통령이 탄핵을 당하지 않았다면, 지금의 다수 의석을 차지한 열린우리당에 그렇게 많은 국회의원이 당선될 수 있었을까?

결국 ‘타이밍’이다. 정치와 사랑에 빠지려고 한다면, 기다려야 한다. 특히 이번 지방선거에서는 공천권을 각 정당이 가지고 있기 때문에, 정당에서 일정 정도 기여한 것을 인정받아야 할 것이다.

누군가에게 ‘인정’받는다는 것은 ‘기다림’을 수반한다.

지방선거 속으로 들어가 보자

　　5개월 앞으로 다가온 지방선거. 각 정당마다 여성 공천 할당과 심사 자격 마련에 분주하다. 특히 여성계가 2002년 지방선거에서 겪은 '경선'의 곤혹을 인식한 듯, 경선을 보완하는 방침을 잇달아 내놓고 있다. 따라서 각 시도당의 공천심사위원회를 비롯한 중앙당의 의지에 따라 여성 의원 비율이 크게 달라질 전망이다. 정당별로 공천 신청 절차나 과정을 알아본다.

지방선거 후보 등록 절차[26]

　　O 열린우리당　만약 열린우리당에 출마 의향이 있는 여성이라면, 기간 당원이 아니더라도 한 달 이전에만 입당을 하면 공천 신청을 할 수 있다. 한 달이 채 안 남은 시점에서 입당한 경우, 특별히 시도당 상무위원회나 중앙위원회에서 의결하면 공천 신청이 가능하다. 대략 2월 중순 정도까지는 입당을 하면 공천 신청을 할 수 있으며, 경선은 3월 20일 이후 치를 것을 예상하고 있다.

　　예비후보자자격심사위원회와 공직후보자추천심사위원회와 같이 공천과 관련된 주요 기구에 여성이 30% 이상 들어가야 하며, 여성의 경우 경선 시

득표수의 20% 가산점이 있다.

예비후보자자격심사위원회에서 후보자 자격 심사를 하고, 공직후보자추천심사위원회(사실상 공천심사위원회나 다름)에서 단수 후보를 추천할지, 경선을 할지, 전략 공천을 할지 결정을 한다. 경선을 하게 되면 기간 당원 경선을 실시한다. 기간 당원이란 경선 기준으로 60일 전 시점에서 6개월간 월 2천 원의 당비 납부를 했으면서, 권리 행사일 한 달 전 시점까지 1년 이내에 교육 연수를 이수하거나 당 행사를 참여한 당원을 말한다.

여성에게 불리한 경선을 피해 가는 방법은 공천심사위원회가 경쟁력이 우수한 후보의 단수 추천을 하거나 전략 공천을 하는 것이다.

인재발굴기획단이 중앙당과 시도당에 구성됐기 때문에 당선 가능성이 높은 경쟁력 높은 후보를 영입하는 것도 가능하다. 시민운동 단체나 지방 자치와 전문 분야 경험 등이 유리한 자격이 될 수 있다.

현재 각 시도당의 공천심사위원회는 절반 정도 구성되었다. 이혜식 열린우리당 서울시당 사무처장은 "기초의원 여성 비례대표 1번을 배정해 놓는 등 여성 추천 관련 제도적 보완이 되었기 때문에 2002년 지방선거보다 여성 의원 비율이 다소 높아질 것으로 예상하고 있다."며 "하지만 여성 숫자가 획기적으로 증가할 만한 조치는 아직까지 없다."고 말했다.

○ 한나라당 3월 전국 시도당에서 후보자 공천을 시작할 예정이다. 후보자 모집 공고가 시작될 때, 후보자 신청을 하면 된다. 만약 한나라당 여성 후보 공천을 받으려면, 적어도 3월 정도엔 월 2천 원 이상 CMS로 당비를 내는

당원으로 가입해야 한다.

공천 후보자 심사는 2월에 구성될 시도당 공천심사위원회 심사를 거쳐 최고위원회에서 의결한다. 공천심사위원회에서 서류 심사를 통해 단수, 복수 추천이 가능하다. 단 복수로 추천할 경우 후보 면접, 토론회나 여론 조사에 붙이고, 원칙적으로 경선은 안 하려고 한다.

기초의원과 기초단체장까지는 시도당공천심사위원회에서 결정하고, 인재 영입 지역 즉 한나라당 전략 지역에서는 중앙당이 결정할 가능성이 크다.

신계용 한나라당 여성국장은 "현재 한나라당 내에서는 여성을 많이 공천해야 한다는 분위기다. 하지만 대부분의 여성들이 지역구를 원하지 않고, 비례를 원하고 있다."고 설명했다.

○ 민주노동당 지방선거 공천에서 민주노동당은 다른 정당에 비해 비당원이거나 신입 당원인 여성 후보에겐 가장 문이 좁고, 당원인 여성 후보에겐 가장 문이 넓다. 각 지역위원회에서 후보자 모집 공고가 나면 등록을 하면 된다. 당비를 3개월 이상 낸 당원에게 그 자격이 주어지며, 만약 지난 1년 동안 3개월 이상 당비를 내지 않은 당원이라면 결격 사유에 해당한다. 각 지역위원에 후보자 등록이 끝나면 당원 투표로 결정하며, 결격 사유 여부를 중앙위원회의 검토 및 인준을 거쳐 지방의원 후보를 결정한다. 다만 중앙위원회에서 특단의 조치로 영입을 결정할 수도 있지만, 당 분위기상 어렵다.

현재 당내 여성 후보들은 당내 경선을 치르고 있다. 장지화 민노당 여성국장은 "지난해 여성 지역구 선출직 공직 후보 여성 30% 할당 부문을 당규에

신설했으며, 2006년 지역구 선출직 여성 후보 20% 할당 방침을 만든 것이 주요 성과"라고 평가했다.

의원 월급 정하는 '의정비심의위원회' [27]

1월 말 중 행자부가 마련 중인 지방자치법 시행령에 지방의원 유급 액수 결정 기구인 '의정비심의위원회'에 여성할당제 도입의 필요성이 제기됐다. 개정된 공직선거법에 따르면, 5·31 지방선거에서는 선거 연령이 하향 조정돼 '만 19세'도 투표에 참여할 수 있다. 만 19세는 1987년 5월31일 이전 출생자까지 해당되며, 이들은 약 70여만 명에 이른다. 개정된 선거법의 주요 내용은 지방의원 유급화, 기초의원 중선거구제, 기초의원 정당공천제 등으로 요약된다. 다음은 그 구체적인 내용이다.

○ 지방의원 유급화   지방의원은 그동안 무보수 명예직이었다. 의정 활동비와 회기 수당 명목으로 광역의원에게는 연 2,500~3,000여만 원, 기초의원에게는 연 1,500~2,000여만 원이 지급되었다. 그러나 올해부터는 회기 수당이 아닌 직무 활동에 대해 지급되는 월정 수당으로 전환되며, 이는 지방자치 단체의 조례로 정해진다. 현재 거론되는 액수는 광역의원은 연 6,000만~8,000만 원선, 기초의원은 5,000~6,000만 원 선이다. 하지만 올해부터 이 같은 액수를 당장 적용하기 어렵다는 게 중론이다.

행자부는 1월 말까지 지방자치법 시행령 개정 작업을 완료해, 오는 5월 말

새로 선출된 지방의원뿐만 아니라 올해로 임기가 만료되는 지방의원들도 1월부터 이를 적용받는다. 개정될 시행 안에 따르면, '의정비심의위원회'를 10인을 꾸린다. 의정비심의위원회는 지방자치단체장과 지방의회 의장이 의원과 이해관계가 없는 학계, 언론, 법률, 시민 사회 단체 인사 등 지역 주민들 각 5명씩 추천해 구성한다.

1년 시한으로 활동하게 될 의정비심의위원회는 지방의원의 의정 활동 시한, 의정 활동 등을 평가해서 유급액을 결정할 예정이다. 이에 따라 올해는 불경기와 국민 여론을 감안하고, 초기 유급제의 안정적 시행을 위해서 대략 과거 회수 수당의 150% 정도의 액수(광역의원에겐 약 3,750~4,500만 원, 기초의원에겐 2,250~3,000만 원 정도)를 받게 될 것이라는 전망이 나온다.

공범석 행정자치부 자치제도팀 서기관은 "의정비심의위원회의 구성은 주민들에겐 지방 자치에 대한 관심도를 높이고, 지방 의원들에겐 충실한 의정 활동을 유도할 수 있다."고 설명했다. 김기선미 여성연합 정책부장은 "이를 계기로 그동안 지방의회 여성 의원의 의정 활동이 높이 평가돼 온 만큼 여성 의원이 돋보일 만하다."며 "하지만 지방자치법 개정 시행령에 '의정비심의위원회의 여성할당제' 도입이 필요하다."고 강조했다.

○ 기초의원 중선거구제   시·군·구 기초의원 선거가 현재 한 선거구에서 1명만 선출하는 소선거구제에서 2~4명씩 선출하는 중선거구제로 바뀐다. 하지만 대구시의회가 새벽 날치기 통과, 경남도의회 버스에서 날치기 통과 등의 방법으로 무리하게 4인 이상 선거구제를 2인 선거구제로 분할하는 등

선거구 획정 관련 날치기 통과 등의 진통이 일었다. 이에 따라 한나라당을 제외한 여야 4당은 지난 4일 광역 지방의회의 선거구 획정 권한을 중앙선거관리위원회로 이관하고, '4인 이상의 자치구·시·군 의원을 뽑을 때 2개 이상의 선거구로 나눌 수 있도록 한 규정을 '4인을 초과할 때'만 분할할 수 있도록 공직선거법을 개정하기로 했다.

기초의원 수는 현재 3,496명보다 16% 정도 줄어든다. 선출 의원 수는 지역구 의원 2,513명(87%)과 비례대표 의원 375명(13%)을 합쳐 2,888명이 된다.

선관위 홍보과 관계자는 "특히 비례대표 의원 후보의 50% 이상을 여성으로 추천해 후보자 홀수 명부에 배치하도록 의무화해 여성 의원의 비율이 늘어날 것"이라고 전망했다.

○ 기초의원 정당공천제 기초의원의 정당공천도 가능해진다. 만약 무소속 광역단체장으로 출마할 경우, 후보는 해당 지역 내 3분의 1 이상 기초단체에서 기초단체마다 50인 이상씩 총 1,000~2,000명의 추천을 받아야 한다. 또 기초단체장은 300~500명, 광역의원은 100~200명, 기초 의원은 50~100명(인구 1,000명 미만의 선거구는 30~50명)의 추천을 받으면 된다.

○ 그 밖에 인터넷 언론사의 후보자 대담 및 토론회가 허용된다. 그동안 금지되었던 인터넷 언론사 홈페이지에 정치 광고 게재도 허용된다. 선거 기간 개시일부터 선거일까지 금지했던 여론 조사 공표는 이제 선거일 6일 전부터 금지했다.

지방선거 속으로 들어가 보자 197

여성 정치인이
꼭 해야 할 열 가지

'여성 정치인'이라는 말 속에는 '여성이 여성을 위한 정치'를 한다는 개념이 들어 있다. 따라서 여성이 여성을 위한 정치를 하기 위해서는 다음과 같은 일들을 해 보라고 조언하고 싶다. 여성 정치인에 대한 신뢰와 지지, 후원을 하는 사람들 말에 귀를 기울일 필요가 있기 때문이다. 당신을 미워하는 사람이 아닌, 정말 당신을 사랑하는 사람의 말엔 귀를 기울여야 하는 것 아닌가?

하나, 여성 단체에 회비를 내고, 자원 활동을 해 봐라 여성 단체 활동은 여성 의원이 현재 진행하거나 미래에 해야 할 의정 활동과 비슷한 내용이 많이 있을 것이다. 그것은 비단 여성위원회 활동을 하는 여성 의원에게만 국한된 일이 아니다. 여성 단체는 여성 의원이나 여성 후보에 대한 과거와 현재, 그리고 미래에 대한 잠재적 지지자이자 영원한 지지자가 될 수 있기 때문이다. 남성 의원도 요즘은 여성 단체와의 접촉면을 늘리고 있다.

둘, 여성 관련 뉴스는 꼭 봐라 여성주의 언론은 꼭 챙겨서 봐야 한다. 지방 정치를 하건, 중앙 정치를 하건 여성 관련 뉴스는 꼭 봐야 한다. 왜냐하면 기자들은 정치인보다 '기사'에 민감하기 때문에 유력 일간지 여성 담당, 혹은 정치부 기자라면 전문지나 마이너 매체 기사는 챙겨서 보는 경향이 있다. 언론의 마이너리그에서 벌어지는 일을 알아야, 언론의 메이저리그에서 벌어지는 일도 미리 알 수 있다. 무엇보다도 여성 관련 뉴스에는 '여성을 위해 해야 할 일거리들'이 쌓여 있고, 이를 의정 활동으로 만들면 된다.

셋, 여성 기자에게 꼭 밥을 사라 조선일보, 한겨레, 오마이뉴스 등 좌우 보수, 종이나 인터넷 신문을 불문하고 여성 기자를 챙겨라. 여성 기자들은 여성 정치인에게 남성 정치인에 비해서 상대적으로 우호적이다. 따라서 보이지 않는 '여성적 연대'가 필요하다. 요즘은 남성 정치인들도 여성 기자들을 따로 관리하며 밥을 사기도 한다.

넷, 정부 부처 여성들과는 친구가 돼라 아직도 정부 내에서 여성들은 주변인인 경우가 많다. 정치인이나 후보자들은 정부 부처 여성들과 친해야 각 부처의 적나라한 문제점을 파악할 수 있다. 행정 개혁의 핵심을 파악하는 데 지름길이 될 것이다.

다섯, 여대생들과 주부와 함께 놀아라 여대생들과 주부들은 정치 뉴스 중에서 여성 의원의 기사는 챙겨 읽는 경향이 있다. 그리고 이들은 여성 유권자이자 여성 자원 활동가가 될 수 있다. 따라서 여대생이나 주부들을 대상으로 하는 강연 등에는 웬만하면 시간을 내서 참석하라. 그곳에서 자신의 진면목을 보여 주고, 그들을 자신의 편으로 만들어라.

여섯, 의정 활동을 함께 하는 남성 의원은 물론이고 외국 여성 의원과 외국 여성 기자, 외국 여성 단체와 연대하라 남성 의원은 의정 활동을 하는 데 힘을 실어 줄 수 있다. 변화는 가까운 곳에서부터 시작해야 한다. 하지만 이와 달리 외국에 있는 여성 의원, 여성 기자, 여성 단체들은 한국의 불합리한 상황에 관해 세계적인 이슈로 만들기 위해 절대 필요한 존재들이다. 따라서 그들을 만나는 자리가 있다면 적극적으로 네트워크를 만들고, 그들과 연대 의식을 갖도록 노력하라.

일곱, 여성학 관련 책을 읽어라 '언어'는 그 자신의 '관념'과 '가치관'을 반영한다. 여성학 관련 책을 읽는 것은 최소한 '여성주의적 관점'이나 '언어'를 익힌다는 의미이기도 하다.

여덟, 각종 집회에 참석해 봐라 각종 집회는 일반 시민들이나 사회 운동가들이 자신들의 요구나 주장을 목소리로 내는 곳이다. 만약 집회장에서 정치인을 만난다면, 시민들이나 사회 운동가들은 그 정치인에게 더 신뢰를 보낼 것이다. 왜냐하면 집회장에 있는 정치인은 민의에 귀를 기울인다는 긍정적인 이미지를 갖게 될 것이기 때문이다.

아홉, 남자와 사랑을 하라 그러나 결혼과 출산, 육아는 선택 사항이다.

이것은 '돌봄 노동' 즉 사랑을 경험하는 것이 곧 정치의 메커니즘을 익히는 데 도움이 된다는 뜻이다.

열, 누리꾼과 채팅을 해 봐라 이른바 누리꾼의 시대다. 따라서 누리꾼의 속성과 생리를 파악하는 것은 중요하다. 누리꾼의 얘기에 대해 친절한 댓글을 달아 줘라. 또한 익명으로, 혹은 가명으로 불특정 다수 누리꾼과 채팅을 해 봐라. 그리고 은근슬쩍 정치 얘기를 꺼내 봐라. 자신이 정치인이라면 자신에 대한 평가를 물어봐도 좋을 것이다. 그것은 자신의 정치력이나 평가를 상대화하거나 객관화하는 힘이 될 수도 있다. 그러는 과정에서 만나게 될 악플러나 누리꾼의 공격에 당황하지 마라. 누리꾼과의 채팅은 자신에 대한 여론을 읽을 수 있는 좋은 기회일 것이다. 다만 그것은 전체 여론일 수도 있지만, 반대로 아주 작은 여론에 불과할 수도 있기 때문이다.

언론과 친해지는
일곱 가지 방법

    '언론'이란 '소문을 내는 사람'이다. 따라서 기자나 언론사가 어떤 의도로, 어떤 목적으로 소문을 내느냐에 따라 그 소문은 진실이 되기도 하고, 음모나 사기가 되기도 한다.

    몇 달 전 한 보좌관에게 들은 얘기다. 15대 국회까지만 해도 국회를 출입하는 국회 기자단과 카메라 기자단에게 '떡값'을 정기적으로 제공해 왔다고 한다. 그래서 기자단 간사가 떡값을 분배하는 역할을 했다고 한다. 보좌관에게 들은 얘기니까, 정확한 사실 확인은 할 수 없다. 하지만 이 얘기의 숨은 뜻은 '떡값을 제공할 만큼 기자와 카메라는 정치인에게 중요한 관리 대상'이라는 것이다.

    그러나 짧지만 1년 동안 17대 국회 출입을 하면서, 의원 개인이 기자에게 떡값을 제공한다는 얘기는 거의 듣지 못했고(일부 듣긴 했다), 그나마 관리하는 방법이 밥이나 술이나 선물을 주는 정도로 바뀌었다. 17대 국회가 그만큼 깨끗해졌다는 반증이기도 하다. 게다가 17대 국회의원은 역대 국회의원에 비해서 일을 열심히 하는 편이라서 정책 생산과 법안 발의가 유난히 많았다.

    언론이 정책 생산이나 법안 발의 기사를 내보내면, 독자들은 그 내용에 대해 어려워하거나 별로 주목하지 않는다. 오히려 독자들은 정당 간, 정치인간 정파 싸움 관련 기사를 더 재미있어 한다.

정치인들이나 언론 관련 시민 단체는 오히려 언론이 '정쟁을 부추긴다'며 비판한다. 그러나 언론의 속성은 '독자의 욕구'에 기반하기 때문에 정쟁 부추기식 보도 행태에 대해 언론에게만 비난의 화살을 보내는 것은 엄밀히 정확한 진단이라고 볼 수 없다.

언론인과 정치인은 공존의 관계다. 언론은 정치인이 제공하는 정보에 의존해서 기사를 써야 하고, 정치인은 언론을 활용해서 자신의 인지도를 높여서 선거에서 승리를 해야 한다.

정치인과 언론인의 숫자를 비교했을 때, 정치인의 숫자가 더 많다. 기자들의 숫자가 한정돼 있고, 기자들의 기사 작성 에너지 역시 한정돼 있다. 그래서 자연스럽게 정치인은 언론에 잘 보여 한 줄이라도 자신에게 유리한 쪽으로 기사가 나오도록 노력한다.

오마이뉴스, 프레시안 등 인터넷 매체들이 기존 언론 시장에 진입함으로써 과거 언론의 독점 구조가 깨지는 것과 함께 점차 정치인의 특정 언론 의존성은 약화되고 있다.

그러면 지방선거를 포함해서 선거 후보자들은 언론을 어떻게 활용할 것인가? 더 구체적으로는 정치인들은 언론에 더 잘 보도되기 위해 어떤 것들을 알아야 하는가?

하나, '인간적인 매력'을 보여 줘라 기자도 사람이다. 냉정하고 프로페셔널한 기자일수록 인간적인 감정에 덜 흔들린다. 그러나 결국 기자도 사람

이기 때문에, 따뜻한 가슴과 언어, 투명한 눈빛을 기자에게 보낸다면, 기자
는 그러한 정치인에게 호감을 더 느끼게 될 것이다. 악수를 하는 것도 기자
와 친밀감을 형성하는 좋은 방법이다. 기자는 그러한 인간적인 매력을 발산
하는 정치인에게 한 줄이라도 더 유리하게 기사를 내보낼 것이다.

둘, 정치판의 정보와 분석을 제대로 하라   정치부 기자들이 소설을 쓴다
는 얘기를 많이 한다. 정치 기사일수록 미래에 벌어질 정치판에 대한 시나리
오 기사를 많이 작성한다. 정치 지형도에 대한 예측, 분석, 전망을 하는 기사
의 신뢰가 높아질수록 정치부 기자의 신뢰도 역시 높아진다. 기자는 자신이
한두 번 접해 본 정치인 중에서 그런 정치 지형도에 대한 전망과 분석을 제
대로 하는 사람을 계속 신뢰하게 된다.

셋, 기자의 얼굴과 이름, 그리고 기사를 기억하라   기자의 입장에서는
정치인들이 자신의 얼굴과 이름을 기억한다면, 그 정치인에게 호감을 느낄
수밖에 없다. 그리고 기자를 만났을 때 의원 자신이 등장한 기사, 혹은 특별
히 눈에 띄었던 기사를 기억하고 아는 척을 해라. 기자란 글을 쓰는 직업이
기 때문에, 자신의 글을 기억해 주는 사람을 특히 잘 기억하는 경향이 있다.

넷, 유사 기자가 돼라   정치인이나 보좌관은 자주 보도 자료를 뿌리거나
기자 회견을 한다. 그런데, 새로운 내용이 전혀 없거나 사회적인 의미가 없
는 내용을 가지고, 기자들에게 보도를 해 달라고 부탁을 한다. 그럴 때 기자

로서는 참 민망하다. 정치인은 무엇이 기사감이 되는지 안 되는지를 판단할 수 있는 능력을 갖춘 유사 기자가 되어야 한다. 아니면 의정 활동을 알리고 싶은 내용이 있다면, 몇몇 친한 기자들을 불러서 기사 가치 여부를 미리 모니터 받아도 좋다.

　다섯, 온오프라인 접촉을 모두 하라　자신이 홍보하고 싶은 내용이 있다면 기자와, 온라인과 오프라인으로 모두 접촉을 해야 한다. 온라인 접촉이란 보도 자료를 이메일로 보내거나, 자신의 홈페이지에 보도 자료를 올리는 것이다. 오프라인 접촉에서 가장 간단한 방법은 휴대폰으로 통화하는 방법, 아니면 점심을 함께 먹으면서, 아니면 술을 함께 먹으면서 홍보하는 방법이다. 후자로 갈수록 투자 비용은 많이 들어간다. 그러나 투자 비용이 많이 들어갈수록 그만큼 생산성은 높게 기대할 만하다.

　여섯, 언론사 간 구별은 하되, 차별은 마라　정치인들은 종종 거대 언론사와 작은 언론사간 차별하는 모습을 그대로 드러낸다. 그것은 정치인 역시 제한된 자원으로 최대 효과를 누리려면, 큰 언론사 기자에게 더 잘하게 되는 것은 당연한 일이다. 그러나 정치인은 언론사 간 구별은 하되, 차별은 하면 안 된다. 큰 언론사일수록 보도가 되었을 때, 파급력은 크지만, 취재 내용이 중간 데스크 단계에서 가위질 당하거나 아예 누락될 가능성도 높다. 즉 일선 기자의 보도 독립성이 높지 않다는 것이다. 그러나 작은 언론사일수록 기사의 파급력은 작지만, 중간 데스크에서 가위질 당할 가능성은 낮아진다. 즉 작은 언론사가 큰 언론사에 비해 일선 기자의 보도 독립성이 높다는 것이다.

따라서 정치인은 언론사 특성에 따라 구별해야 한다. 만약 언론에 따라 드러나게 차별을 하는 정치인이라면, 언론사 간 소문이 나서, 그다지 좋은 평가를 듣지 못하게 될 것이다.

일곱, 시민 단체와 함께 기자 회견을 하라 정치인과 언론, 시민 단체의 공통점은 '사회의 문제점을 드러내서, 그것을 제대로 바꾸는 것이다.' 평소 시민 단체와 친하지 않더라도, 자신의 의정 활동이나 입법 활동과 비슷한 활동을 하는 시민 단체 목소리에 귀를 기울여라. 만약 입장이 같다면, 기자 회견을 같이하라. 그러면 언론은 조금 더 보도하는 것에 우호적일 것이다. 왜냐하면 언론은 정치인보다 시민 단체에 더 순수성이 있다고 생각하고 있기 때문이다.

정당이 언론과 관계할 때 원칙

이재영 •

기자들의 출입이 잦아지면서, 잘못된 정보가 노출되는 경우가 적지 않습니다. 제 생각에 정당의 대언론 관계는 운동권식의 선전(Propaganda)도 아니고, 기업의 광고도 아닙니다. 민주노동당은 언론을 매개로 대중과 올바른 공적 관계(Public Rela-tion)를 확립해야 합니다. 상근 간부들께서 아래 원칙에 입각하여 주셨으면 합니다.

첫째, 입을 모아라 밖으로 통하는 입은 적을수록 좋습니다. 언론을 통하는 입을 대변인실로 모아야, 잘못된 정보나 비공식적인 정보로 인한 혼란을 막을 수 있습니다. 인터뷰 요청이든 자료 요청이든 대변인실로 넘기는 것을 원칙으로 하되, 실무적으로 어려울 경우 다음과 같은 수순으로 대응하면 될 것 같습니다. '대변인실 인계 → 대변인실 사전 협의 → 대변인실 사후 통고.' 인터뷰 등을 하실 경우에도 가급적 대변인실 간부와 배석하는 게 좋을 듯합니다.

둘째, 사실을 말하라 요즘 세상에 비밀은 없습니다. 더구나 공개를 원칙으로 하는 민주노동당에서 비밀을 지키기는 어렵습니다. 조직의 잘못된 점이라 할지라도 숨기려고만 할 경우, 오히려 왜곡되고 과장되어 전파될 수 있습니다. 비공개가 결정된 경우가 아니라면, 숨기고 싶은 일일지라도 정확

• 2004년 4월 15일 총선 직후 민주노동당 내에 기자 출입이 잦아지면서 당시 이재영 정책실장이 작성해서 당직자들에게 배포한 글이다.

한 정보를 제공하는 것이 조직을 지키는 지혜로운 태도입니다. 사실을 말하십시오.

셋째, 문서로 말하라 모든 커뮤니케이션은 정보 소통의 오류를 동반합니다. 전화로 전달되는 내용의 60%는 오해를 낳고, 2분 이상 대화하면 한 개의 전달 오류가 빚어진다고 합니다. 전화보다는 대면 인터뷰를 하고, 인터뷰를 하는 경우에도 문서로 보완하여야 정확한 의사 전달이 가능합니다.

넷째, 서비스하라 지켜야 할 소중한 버릇도 있지만, 스스로를 가두는 버릇은 과감히 버려야 합니다. 스스로를 가두는 버릇은, 무엇을 요구받았을 때 그것만을 던져 주는 수세적 태도 등으로 나타납니다. 입장을 요구받았다면, '이렇다'고 퉁명스레 대답하는 것으로 끝마치지 말고, 배경 자료 등을 서비스하십시오. 더 정확하고 풍부한 보도가 뒤따르게 됩니다.

다섯째, 담당자가 결정하라 언론의 속성상 유력자를 선호하게 마련이고, 현시점에서 민주노동당의 유력자는 당선자입니다. 하지만, 당직을 겸하고 있는 당선자를 제외하면 당 시스템상 정책 결정권을 가지고 있지 않습니다. 의정 활동에서야 헌법 기관으로서 정당하고 막강한 의견을 피력하겠지만, 당 질서 안에서 당선자가 말한 것을 담당자가 뒷수습하는 일이 벌어져서는 안 됩니다. 담당자가 결정하도록 서로 신경써 주십시오.

여섯째, 공평하게 대하라 큰 언론·작은 언론, 친한 언론·꺼리는 언론을 차별하는 것이 어쩌면 자연스러울 수 있지만, 차별은 보복으로 이어집니다. 작은 언론에게는 그 매체를 접하는 소수의 특수 계층이 있고, 우리가 꺼리는 언론은 지지 취약 계층에게 영향력을 미칩니다. 정보 접촉 빈도와 인지도를 높이는 것이 지지세를 확대하는 첫걸음이고, 그러기 위해서는 모든 언론을 공평하게 대해야 합니다.

일곱째, 한 건을 노리지 마라 한번 크게 난다고 큰 득이 되지는 않습니다. 후속 프로그램이 준비되어 있지 않다면, 역풍에 휘말릴 수도 있습니다. 지속성과 신뢰성을 중심에 두고, 과장되거나 책임지지 못할 정보 제공을 피해야 합니다.

언론과 소통을 잘하려면

임현선 · 여성신문 기자

5·31 지방선거에서 선거 승리의 최우선 조건은 어떤 당으로부터 공천을 받았는가에 달려 있다. 공천을 받을 때도 인지도는 매우 중요한 요소다. 하지만 당의 공천을 받지 못하더라도 인지도 면에서 상대 후보에 비해 앞서 있다면 그렇게 불리하다고만 볼 수는 없다.

인지도를 높이는 데 가장 좋은 방법은 언론에 자주 등장하는 것이다. 언론과 커뮤니케이션을 잘하기 위해서 인맥을 활용하자. 언론의 성격과 성향을 분석해 자신을 잘 알려야 한다. 일간지, 방송 매체(TV와 라디오로 구분, 공중파와 케이블로 구분), 인터넷 매체, 주간지, 전문지, 지역 언론 등으로 분류한다. 주변 인맥을 최대한 동원해 언론사에서 지방선거 기획을 맡은 기자나 PD의 연락처, 이메일 주소를 알아내는 것은 기본이다.

자신에 대한 정보를 간략히 정리한 내용, 이력서 및 자기소개서, 출마 준비 계획과 지역에 대한 간략한 소개, 정책 핵심 내용, 잘 나온 사진 등을 항상 갖고 다니며 기자들을 만나 자신을 소개할 때 전해 준다. 정장 차림의 옷차림은 기본이다. 언제라도 사진을 찍힐 사람이란 마음으로 외적인 모습에도 신경을 쓰도록 한다.

1월부터 주요 일간지들은 자사 홈페이지에 지방선거 출마자 관련 내용을 싣고 있다. 출마 예정자들을 위한 코너가 있는데, 그런 곳에 자신의 정보를 등록해 놓는다. 큰 언론사보다는 지역 언론에 자신을 알리는 것이 먼저다. 출마자가 여성인 경우 여성신문과 같이 여성에 우호적인 매체에 적극 홍보하고 인터뷰 기사가 실리도록 로비를 하는 것이 필요하다. 인터넷에 자신의 홈페이지를 개설하는 후보자도 있는데, 매우 효과적인 방법이다. 비용 문제로 어렵다면 개인 블로그를 만들어 활용하도록 한다.

기자들을 대할 때는 반드시 내용을 갖고 대한다. 무조건 "밥을 먹자"고 뜬금없이 전화하거나 사적인 관계를 은근히 드러내지 않도록 노력한다. 기자들은 새로운 뉴스거리를 찾아다니는 존재다. 기자들이 출마자를 직접 찾아와 취재할 수 있도록 뉴스거리가 될 만한 아이템을 소개하거나 이벤트를 만드는 것도 좋은 방법이다. 동네 미담을 소개하는 것도 효과적인 방법이다.

작은 언론사에서 주최하더라도 좌담회나 토론회에 빠지지 않고 참석해 발언의 기회를 얻도록 한다. 사소해 보이더라도 작은 일에 성공하는 사람이 큰일에도 성공하는 법이다. 어떤 매체에 몸담고 있든 기자들을 대할 때 치우치지 않는 태도를 견지하는 마음도 필요하다. 매체 간 차이를 두되 차별하는 태도를 보이지 않도록 세심히 신경을 쓰란 얘기다.

마지막으로 신문, 시사 잡지 등 시사적인 문제를 제대로 알고 있도록 노력한다. 후보자는 부지런하고 똑똑한 사람이란 인상을 심어 주는 것이 필요하다. 아침 일찍 일어나 일간지 2~3개, 주간지 등을 정독하는 것은 필수다.

힘은 정확함에서 나온다

황민호 · 옥천신문 기자

객관적인 데이터를 적극 활용해 홍보하라! 작은 풀뿌리, 즉 10만이 채 안 되는 군 단위 기초 자치 단체에서 언론을 어떻게 활용하는가는 선거에 지대한 영향을 미친다.

언론을 활용한다기보다, 언론을 주민과 소통할 수 있는 중요한 창구로 인지하고, 언론을 통해 자신의 정책을 홍보할 수 있는 발판을 마련해야 한다. 더욱이 오랫동안 밑바닥 민심을 관리하지 못하고, 지역 유지에게 인지도 면에서 뒤지는 신생 후보들에게 언론을 통한 홍보의 필요성은 아무리 강조해도 지나치지 않는다.

역시 문제는 어떻게 홍보하느냐가 관건이다. 마냥 일반적인 행사에 모습을 자주 드러내면서 자기 이름이 나와 주길 바라는 것은 가장 낮은 수준의 방법이다. 이는 오히려 반감을 나타내며, 바람직스럽지도 않다.

'힘은 정확함에서 나온다.'

정확한 통계 자료나 설문 조사에 근거해 현 실태를 분석하고, 이런 정책을 세우는 것이 타당하다는 자료들을 끊임없이 배포하면, 큰 효과를 얻을 수 있다. 왜냐하면, 그것은 정치 지망생들의 주관적인 주장이 아니라 현 실태를 체계적으로 분석한 객관적인 데이터이기 때문이다.

소외된 계층의 현안일수록 지지도는 올라가게 되어 있다. 각 정치 지망생들이 이런 객관적인 데이터를 근거로 자료를 배포한다면 언론사들도 외면하기는 쉽지 않다. 감정적인 주장이 아니라, 객관성을 담보하기 때문에 중요한 뉴스 가치가 있기 때문이다. 이런 통계 자료나 설문 조사를 바탕으로 하는 정책에 대한 제안은 작은 지역일수록 빛을 발하고 하기도 쉽다. 또, 언론사에서 하는 인터뷰와 토론회 등에는 자료를 많이 준비해서 적극적으로 임해야 한다. 각종 질문에 대한 성의 없는 답변과 두루뭉술한 태도는 금방 드러난다. 기자를 이해하고 설득하지 못한다면, 많은 주민들에 대한 소통도 그만큼 어렵다는 것을 깨달아야 한다.

반드시 형식과 예의를 갖추며, 그 안에서 내실 있게 자신의 주장을 할 수 있도록 노력해야 한다. 작은 풀뿌리 언론을 활용하는 것은 최첨단에서 주민들과 마주하는 것과 같다. 그만큼 중요하다. 작은 풀뿌리 언론을 위와 같이 활용한다면 빠른 시일 내에 자신의 정책을 효과적으로 홍보할 수 있는 방법이 될 것이다.

새내기 정치인들이 언론과 친해지는 법

황훈영 • 코리아포커스 정치팀장

이제 막 정치 일선에 발을 내딛으려는 새내기 정치인들에게 언론은 너무나 먼 곳에 있는 연인이다. 일종의 무한한 짝사랑의 대상이라는 말이다. 정치인들이 언론과 친하고 싶은 마음은 "신문에 부음 기사가 아니면 무조건 좋다."는 말로 그 정도를 알 수 있다. 그런데 새내기 정치인들에게 언론 접촉은 결코 쉽지 않다. 무조건 자신을 알린다는 데도 한계가 있다. 그래서 '아이디어'가 필요한 게 아닐까? 짧지 않은 기자 경험을 살려 언론이 좋아하는 정치인들의 홍보 방법을 몇 가지 소개하고자 한다.

○ **자신의 상품을 포장해서 알려라** 지방선거에 출마하려는 후보는 일단 자신의 상품 가치를 만들어야 한다. 지역에서 자신이 해온 일, 공동체 활동, 앞으로의 구상 등을 중심으로 지역 유권자들에게 자신을 어필할 수 있는 상품을 개발해야 한다. 그것을 일단 자연스럽게 언론이 주목할 수 있도록 이벤트화하는 노력이 필요하다. '나는 이런 사람'이라는 이력서를 달랑 한장 언론사에 보내는 것이 아니라, 지역 행사나 좋은 취지의 모임에 자신의 이름을 걸고 활동하는 적극성을 통해 언론의 시선을 끌어야 한다는 것이다.

○ **지역 언론사를 활용하라** 지방선거를 염두에 두고 있는 후보라면 지역 주민을 상대로 발행하는 지역 언론에 주목해야 한다. 지역 언론은 대중지가 아니라서 구독자가 많지 않지만, 지역 주민들 간 소통의 광장을 마련해주는 다리가 되기 때문이다. 주요 일간지에 실리지 않는 사안도 지역 언론에

서는 중요한 이슈가 될 수 있다. 지역 언론 기자들과 안면을 트는 것도 지역 활용 언론의 한 방법이다.

○ **미담 기사에 오르내리면 좋다** 어떤 상품으로 언론에 자신을 알릴 것인가가 쉽지 않다. 그러나 이왕이면 여성 후보의 경우 '따뜻한 기사'의 주인공이 되면 점수를 많이 받을 것 같다. 지금까지 그런 일을 해 오지 않았다고 하면 적극적으로 기회를 만들어야 한다. 장애인 단체, 양로원, 보육원 등과 연계를 갖고 꾸준히 봉사 활동을 전개하는 것이나, 평생 회원이 되서 후원을 약속하는 등의 활동을 적극 전개할 필요가 있다.

○ **언론 네트워크를 활용하라** 기성 정치인이라면 재선을 위해서는 기존의 언론 네트워크를 적극 활용해야 한다. 언론사 기자들과의 꾸준한 네트워크가 필요하다. 아무리 작은 활동이라도 자신의 일을 적극적으로 소개하고, 보도 자료 등을 통해 꾸준히 홍보를 해야 한다. 또한 지역 활동을 언론의 이슈로 던지는 역할을 수행하면서 자신의 존재를 부각할 필요가 있다.

필로그

　애초 책을 쓰려고 생각했던 의도는 많은 여성들을 정치로 유혹하는 것이었다. 그러나 이 책을 쓰면서 얼마나 많은 사람들이 이 책을 읽을까? 또 이 책을 읽은 사람 중에 얼마나 많은 사람이 정치에 대해 더는 어색해 하지 않고, 나아가 정치와 사랑을 시작하게 될까라는 생각이 들었다.

　시민의신문 기자 생활을 할 때, 나는 자주, 종종 야근을 많이 했다. 그것은 내 기사를 읽는 몇 백 명, 몇 천 명, 몇 만 명에 대한 책임감이 아니었다. 단 한 명이 내 기사를 읽더라도 그 독자에게 '생기'와 '살아 있음'을 전달하고 싶은 내 거창한 욕망이었다. (물론 주변에서 그것을 눈치 채진 못했다. 그러나 내 관련 분야의 독자들은 나의 그런 노력을 아는 듯했다. 메일이나 전화 등 다양한 소통 방식으로 나를 격려해 주었기 때문이다.)

　박성호 시민의신문 후배(당시 수습기자), 유광준 여의도통신 후배(수습 딱지 뗀지 얼마 안 된 기자)와 서울 여의도에서 술을 먹으면서 이런 얘길 한 적 있다. "○○일보에 기죽지 마라. ○○일보를 읽는 수만 명의 독자가 세상을 어둡게 만드는 역할을 할 수 있고, 시민의신문 기사를 읽는 단 한 명의 독자라도, 그 사람이 세상을 밝게 만들 수 있기 때문이다. 우리는 그러한 세상을 긍정적으로 변화시키는 역할을 할 독자들을 위해서 진실을 쓰는 것이다."

마찬가지다. 이 책을 얼마나 많은 사람이, 아니 얼마나 적은 사람이 읽을지 모르겠다. 그러나 한두 명의 독자라도 이 책을 읽고 '정치'에 대한 편견이 깨지고, 정치에 대한 호감이 생겨서, 여성 정치인을 후원하거나 아니면 자신이 여성 정치인으로 나선다면,

나는 그것으로 행복할 것 같다.

각주

[1] Hilary Rose, "Hand, Brain, and Heart: A Feminist Epistemology for the Natural Science," *Signs: Journal of Women in Culture and Society*, Vol.9(Autumn 1983), 캐럴 페이트만·메어리 린든 쉐인리 엮음, 『페미니즘 정치사상사』, 이남석·이현애 옮김, 250쪽에서 재인용.

[2] Iris Marion Young, *Justice and the Politics of Difference*(New Jersey: Princeton Univ. Press, 1990), 이남석, 『차이의 정치   이제 소수를 위하여』, 책세상, 2003에서 재인용.

[3] 일반적 의미에서 가정 경제 활동이라고 한다. 그러나 나는 여기서 결정을 내리는 영향력의 측면을 강조해서 '정치'라고 보는 것이다.

[4] 『여성신문』, 2005년 12월 30일.

[5] 김민정,「지방의회 여성 의원들의 의정 활동 분석」,『세계정치연구』, 2권 2호, 2003, 참고 및 요약.

[6] Iva Ellen Deutchman, "Feminist Theory and the Politics of Empowerment," Lois Duke Whitaker, *Women in Politics: Outsiders or Insiders? A Collection of Reading* (N.J.: Prentice Hall, 1998), 김민정, 앞의 글에서 재인용.

[7] Barbara Ehrenreich "Sorry, Sister, This is not the Revolution," Time Magazine Special Issue, *Women: The Road Ahead* 136(Fall 1990), 김민정, 앞의 글에서 재인용.

[8] 물론 중앙 정치 역시 실생활과 연관된 이슈가 점차 중요하게 부각되고 있다. 아토

피를 포함한 건강 문제, 먹을거리 안전성 문제, 교육 문제 등 말이다.

[9] 이금라, 「여성이 지방선거직에 더 적합한 이유」, 『자치행정』, 2002. 2.

[10] 물론 여기서 소수라는 뜻은 양적인 의미가 아니라, 질적인 의미다. 즉 남성과 여성의 숫자를 따져 보면, 2004년 총선에서 여성 유권자가 52%로 남성 유권자 48%보다 2%가 더 많았다.

[11] 중앙선거관리위원회, 「시·도의회 의원 선거 총람」, 「시·군·구의회 의원 선거 총람」.

[12] 당시 복학생이던 유시민 씨는 이 같은 내용을 이후 개혁당 홈페이지에 올렸다.

[13] 대한변호사협회가 발간하는 『월간 인권과 정의』, 1990년 10월호

[14] 남재일, "강금실 장관 인터뷰: 장관도 전문직, 정치도 전문화돼야", 「프레시안」 2003년 12월 17일.

[15] 조선희, 「강금실의 '매력' 그리고 '마력' — 강금실로 가는 다섯 가지 코드」, 『인물과사상』, 2003년 가을호.

[16] 위와 같음.

[17] 남재일, 앞의 글.

[18] 조선희, 앞의 글.

[19] 남재일, 앞의 글.

[20] 위와 같음.

[21] 정혜신, 「각성은 이미 빛나는 달성」, 『한겨레신문』, 2004년 11월 29일.

[22] 위와 같음.

[23] 힐러리 로댐 클린턴, 『살아 있는 역사 1.2』, 김석희 옮김, 웅진닷컴, 2003; 안토니아 펠렉스, 『콘돌리자 라이스』, 오영숙·정승원 역, 일송북, 2004를 참고했다.

[24] 2005년 4월부터 2006년 1월까지 『여성신문』 '국회로그인'으로 연재한 글 중 일부이며, 몇몇 글은 여성신문사에서 편집을 거치기 전 원고도 포함돼 있다.

[25] 국가 페미니즘(state feminism)은 여성 운동이 출산권, 성폭력, 육아, 기회 평등
과 같은 여성의 권리를 쟁점으로 하여 정당, 정부, 다양한 공적 기관 또는 여성 정책
담당 국가 기구에 참여하여 페미니즘을 제도화한 것이며, 정부에서 일하고 있는 공
무원을 국가 페미니스트라 부른다. 국가 페미니즘의 발전은 국가 차원에서 여성 관
련 사회 정책들로 개발되고 그 정책들을 집행하기 위한 새로운 제도적 기구들의 설
립으로 나타났다. 김경희(2000), 「국가 페미니즘의 가능성과 한계」, 『경제와 사회』,
2000년 봄호, 특별 부록, 한울, 62-88쪽.

[26] 『여성신문』, 제861호, 2005년 1월 7일.

[27] 『여성신문』, 제 862호, 2005년 1월 14일.

참고문헌

게르트 랑구트 저,『앙겔라 메르켈』,이수연 외 옮김 , 이레, 2005.

김경애,『여성의 정치 세력화와 지방자치』, 풀빛, 2001.

김민정, 「지방의회 여성 의원들의 의정 활동 분석」, 서울시립대학교,『세계정치연구』 2권 2호, 2003.

김원홍, 「2002 지방선거와 여성 참여 전략」, '2002 지방선거와 주민참여운동' 사단법인 의회를 사랑하는 사람들 창립 3주년 기념세미나, 2001.

김원홍 외, 「지방의회 여성의원의 국회진출 활성화 방안」, 한국여성개발원, 2003. 8

김은경, 「여성의 정치세력화, 그 가능성과 딜레마」,『여성과사회』제15호, 2004.

남재일, "강금실 장관 인터뷰: 장관도 전문직, 정치도 전문화돼야", 「프레시안」 2003년 12월 17일.

박이은경, 「여성운동계의 갈등은 필연인가 위기인가」,『여성과사회』제15호, 2004.

박철화, 「강금실의 문학 예술 마인드－강금실을 '읽다'」, 황성혜·조선희 외 8인,『강금실, 매혹의 카리스마』, 이가서, 2004.

손봉숙,『여성이 정치를 바꾼다』, 다해, 2000.

안토니아 펠렉스,『콘돌리자 라이스』, 오영숙·정승원 옮김, 일송북, 2004.

오장미경, 「여성의 정치세력화: 지금 우리에게 요구되는 선택은 무엇인가?」,『여성과사회』제15호, 2004.

오미연·김기정·김민정, 「한국 정당의 여성 국회의원 후보자 공천과 한국의 여성정치」,『한국정치학회보』39권 2호.

유병희, 「지방선거와 여성의 정치참여」, '2002 지방선거와 주민참여운동' 사단법인

의회를 사랑하는 사람들 창립 3주년 기념세미나, 2001.

윤진표, 「지방의회와 여성의 정치세력화: 현황과 모색」, 『여성연구논총』 제4집, 2003.

이금라, 「여성이 지방선거에 더 적합한 이유」, 『자치행정』 통권 167호, 2002.

이남석, 『차이의 정치 ─ 이제 소수를 위하여』, 책세상, 2003.

이재영, 「대언론 원칙」, 민주노동당 자료, 2004.

전복희, 「독일의 여성정치참여 현황과 과제」, 선거관리위원회 토론회 자료집, 2003.

정혜신, 『사람 vs 사람』, 개마고원, 2005.

주성수, 「주민참여, 자원봉사, 시민운동」, '2002 지방선거와 주민참여운동' 사단법인 의회를 사랑하는 사람들 창립 3주년 기념세미나, 2001.

조양민, 『당선보다 어려운~ 공천100%성공백서』, 진커뮤니케이션, 2005.

조현옥, 「이번 지방선거에 더 많은 여성을 참여시키려면」, 『자치행정』, 2002. 9

＿＿＿, 「여성의 정치적 역량 기르기 방법론」, 『여성연구논총』 제4집, 2003

캐럴 페이트만·메어리 린든 쉐인리 엮음, 『페미니즘 정치사상사』, 이남석·이현애 옮김, 이후, 2004.

황아란, 「국회의원 후보의 당선 경쟁력에 대한 성차 연구」, 『한국정치학회보』 36권 1호, 2002.

＿＿＿, 「2002 시·도의회 비례대표선출의 변화와 특징」, 『지방행정연구』 19권 1호, 2005.

황선혜·조선희 외 8인, 『강금실, 매혹의 카리스마』, 이가서, 2004.

힐러리 로댐 클린턴, 『살아 있는 역사 1.2』, 김석희 옮김, 웅진닷컴, 2003.

여성들의 관심이
정치를 바꾼다

『여성, 정치와 사랑에 빠지다』는 그저 평범한 가정주부와 직장 여성이던 내게 여성 정치라는 분야에 새삼 관심을 갖도록 일깨워 주었다. 평소 신문을 읽을 때에 정치면은 건너뛰거나 뉴스에서 정치 관련 기사가 나올 때 재미없어하던 내 모습을 볼 때 그동안 내가 얼마나 정치에 관심이 없었나 하는 생각이 든다. 그러면서도 나는 여성 차별에 관련된 기사나 뉴스라든가, 사회생활을 하면서 여성이라고 손해 보는 일들을 접할 때는 억울해 하고 불평불만만 늘어놓았다. 아마도 나는 여성들의 관심이나 노력들이 작은 것부터 변화시킨다는 것을 깨닫지 못했던 것 같다.

이 책을 읽고 1985년에 교통사고를 당한 직장 여성 '이경숙 사건'을 처음 알게 되었다. 1980년대 중반 '25세 조기정년제'가 있었다는 것을 알고 새삼 놀랐다. 그리고 보이지 않는 곳에서 여성들이 노력한 결과 여성에게 불리했던 법률도 하나 둘씩 개선되어 지금의 모습으로 변화되었다는 것을 알게 되었다. 아직도 우리 사회의 관심이 부족한 여성, 아동, 장애인 등의 분야에 많은 여성들이 관심을 갖고 참여하여 지은이가 말한 여성의 장점인 친밀성, 돌봄 등의 덕목을 발휘하여 평화 지향적이며 대화·타협적인 정치로 우리나라 정치에 새로운 희망을 열었으면 좋겠다.

'YH사건'의 주인공이기도 한 최순영 의원의 인터뷰를 보면, 최 의원은 어린 나이에 사회생활을 시작하면서 비록 정규적인 공교육은 받지 못했지만,

공장에서 일을 하며 부당한 노동 행위를 바로잡으려고 노조 활동을 하면서 공교육에서는 받을 수 없었던 소외 계층에 대한 관심과 열정을 배워 지금의 국회의원이 된 것 같다. 그 순수한 마음과 열정이 계속되었으면 한다.

그동안 여성들은 정치가 너무 막연하고 어렵다고 생각해 관심 밖으로 밀어 냈다. 하지만 이 책을 읽으면서 여성의 정치 참여란 멀리 있는 것이 아니라 아주 가까운데, 우리 생활에 관심을 갖는 것에서부터 출발한다는 것을 알게 되었다. 즉, 신문이나 텔레비전의 정치 관련 기사나 뉴스를 어려워하지 않고 관심 있게 보는 것이라든지 내가 뽑은 우리 지역의 국회의원은 지금 어떤 공약을 실행하고 있는지에 대한 관심에서 시작한다고 생각한다.

나도 정치와 사랑에 빠지기 위해 내 관심 분야를 생각해 보았다. 환경에 관심이 많은 나는 환경 단체를 인터넷으로 조회해 보았다. 환경 단체에서 하는 일과 환경에 대한 보도 자료를 보면서 계속적인 관심을 기울여야겠다는 생각이 들었다. 많은 사람들이 이 책을 읽고 남성 중심 사회보다 여성과 남성이 함께 주도적으로 이끌어 가는 사회가 훨씬 더 모두에게 유익하고 행복하다는 것을 알았으면 한다. 그리고 앞으로도 여성의 활발한 정치 참여가 많아졌으면 한다. 나는 이번 지방선거부터 여성 유권자로서 후보자들의 여성 관련 공약을 유심히 살펴봐야겠다.

아참, 이 책을 친구 영실에게도 선물해야겠다.

• **서은영** 1973년생. 여고를 졸업하고 동부화재에 입사해 10년째 다니고 있다. 2002년 동갑내기와 결혼했고, 올해 첫아이를 가지려고 노력 중. 정치와 여성 문제에 둔감하게 살아온 편이나, 결혼 후 여성에게 부과된 며느리, 올케, 딸, 주부, 직장 여성 역할을 하면서 이 책을 만나 '여성 문제'를 처음으로 내 문제로 받아들게 되었다.

여성, 정치와 사랑에 빠지다

초판 1쇄 펴낸날·2006년 3월 9일

지은이·장성순

펴낸이·유승희

펴낸곳·도서출판 또 하나의 문화

영업·고진숙 홍보·김효진

121-818 서울 마포구 동교동 184-6 대재빌라 302호

전화·(02) 324-7486 팩스·(02) 323-2934

전자우편·tomoon@tomoon.com 홈페이지·www.tomoon.com

등록번호·제9-129호 1987년 12월 19일

ⓒ 장성순, 2006